HINDEMITH · UNTERWEISUNG II

Paul Hindemith
Unterweisung im Tonsatz

I
Theoretischer Teil

II
Übungsbuch für den zweistimmigen Satz

Neue, erweiterte Ausgabe

Mainz · London · Berlin · Madrid · New York · Paris · Prague · Tokyo · Toronto
Printed in Germany

Paul Hindemith
Unterweisung im Tonsatz

II
Übungsbuch für den zweistimmigen Satz

1939

Mainz · London · Berlin · Madrid · New York · Paris · Prague · Tokyo · Toronto
Printed in Germany

Alle Rechte, insbesondere das der Übersetzung, vorbehalten
Druck und Verlag: Schott Music GmbH & Co. KG, Mainz · BSS 36 003
© 1939 Schott Music GmbH & Co. KG, Mainz
ED 3601 · Printed in Germany

ISBN 978-3-7957-1601-1

INHALT

Seite

Vorwort		9
Erste Übung:	Aufbau der einfachsten einstimmigen melodischen Gebilde	13
Zweite Übung:	Beginn der Zweistimmigkeit	31
Dritte Übung:	Erweiterte Melodik	49
Vierte Übung:	Erweiterte Melodik. Fortsetzung	68
Fünfte Übung:	Grundzüge des Melodienbaues	80
Sechste Übung:	Erweiterte Melodik. Schluß	99
Siebente Übung:	Tonale Zusammenschlüsse	110
Achte Übung:	Tonalität der Melodien	131
Neunte Übung:	Auflösung der Melodievorlage	143
Zehnte Übung:	Freie Zweistimmigkeit I	161
Elfte Übung:	Freie Zweistimmigkeit II	177

VORWORT

Dem theoretischen Teile meines Satzlehrbuches lasse ich hiermit die ersten elf Übungen des praktischen Teiles folgen. Sie handeln nur vom zweistimmigen Satz, aber dieses enge Arbeitsgebiet wird hier ausführlicher und gründlicher durchgearbeitet als es in anderen Satzlehren bisher geschah. Wenn auch die Erziehung zum Verstehen und Verwenden der klanglichen Erscheinungen, insbesondere der harmonischen, mit Hilfe zweier Stimmen nur ungenügend entwickelt werden kann, so bieten die zweistimmigen Übungen mit ihrem übersichtlichen Tonmaterial, mit ihren beschränkten Bewegungs- und Verbindungsmöglichkeiten doch die beste Gelegenheit zur Erkenntnis der versteckten Grundzüge und Kraftströme des Tonsatzes überhaupt. Man sage nicht, daß es verfrüht sei, einen Lernenden schon in diesem Stande seines Könnens mit den schwerer zu begreifenden, nicht so offen zutage liegenden Prinzipien des Tonsatzes vertraut zu machen. Das ist gerade der rechte Zeitpunkt, seine Blicke ins Weite zu lenken; später umgarnt die Fülle des klingenden Materials mit ihren zahlreichen Verwendungsvorschriften nur allzu leicht sein Denken und Fühlen. Nach meinen Erfahrungen hilft die frühe Erkenntnis der Satztriebkräfte leicht über die bei jedem fortgeschritteneren Schüler unvermeidlichen toten Punkte seiner Arbeit hinweg, was bei einem späteren Nachholen dieser notwendigen Lehren vielfach nicht mehr der Fall ist. Einen begründeten Einspruch gegen die hier eingehaltene Ordnung könnte nur derjenige Lehrer oder Lernende erheben, der nach langem Ausprobieren sich von ihrer Schwäche überzeugt hat. Das dürfte ihm aber nicht einmal nach der gründlichen Benutzung des vorliegenden Übungsbandes möglich sein, denn wie wollte er nach diesen ersten Übungen ein abschließendes Urteil fällen über den gesamten, in dieser Weise zu durchschreitenden Weg durch das Gebiet des Tonsatzes! Ich bitte ihn, meiner vieljährigen Erfahrung zu vertrauen und zu glauben, daß nichts in diesem Buche ohne Erprobung und Bestätigung im Unterrichte niedergeschrieben ist. Leider kann ich die Fortsetzung dieses Lehrbuches, die Unterweisung in der höheren, mehrstimmigen Satzkunst, nicht jetzt schon veröffentlichen. Ich gedenke dies aber zu tun, sobald mir meine anderweitigen Arbeiten Zeit dazu lassen.

Wer einstweilen die zweistimmigen Übungen im Unterrichte benutzen will, sieht sich deshalb gezwungen, sie entweder als Ergänzung der üblichen Tonsatzlehre zu verwenden, oder aber nach ihrer Durcharbeitung eine Verbindung zu der Praxis der Harmonielehre und des Kontrapunktes zu finden, was durchaus möglich ist. Liegt künftig das Gesamtwerk vor, so dienen die vorliegenden Übungen als Grundlage aller Satzarbeit. Sie wenden sich an den Anfänger, von dem keinerlei Kenntnisse älterer Satzmethoden erwartet werden. Es ist also nicht nötig, vor Inangriffnahme des hier dargebotenen Arbeitsstoffes harmonische oder kontrapunktische Studien zu betreiben. Allerdings wird eine gründliche Vorbildung in der musikalischen Elementartheorie und in den Anfangsgründen der Gehörbildung vorausgesetzt, zumal muß völlige Klarheit über die Intervalle und die Struktur der einfachsten drei- und mehrstimmigen Zusammenklänge herrschen. Trotz einem möglichst leichtfaßlichen Vortrag und trotz der übersichtlichen Anordnung des Übungspensums — jede der elf Übungen enthält eine Aufstellung des jeweils benötigten Arbeitsmaterials, eine ausführliche Beschreibung des Arbeitsvorganges und einige Musterbeispiele — dürfte es einem Anfänger doch schwer werden, sich ohne jede Hilfe durchzuarbeiten. Das Buch rechnet auf die erklärende, den Stoff je nach den Bedürfnissen des Schülers ausbreitende Tätigkeit des Lehrers. Für ihn soll die Einteilung in nummerierte Regeln und Aufgaben keinesfalls ein Hemmnis seiner Arbeit bedeuten, er soll vielmehr in ihnen die Aufforderung zum Schaffen neuen Arbeitsgutes, zur Erweiterung des schon vorhandenen erblicken. Seiner Erfindungsgabe sind in dieser Hinsicht keine Grenzen gesetzt. Zieht er es vor, den Schüler auf der Grundlage historischer Satzweisen zu unterrichten, so wird er die hier gegebenen technischen Anweisungen ebenso benutzen können wie zur Eroberung von Klangbereichen, die ihm und seinen Schülern bisher noch nicht handwerklich erfaßbar waren. Er wird bemerken, daß er zur Bildung eines selbständigen Satzstiles völlige Freiheit behält (was in den älteren Satzlehren durchaus nicht der Fall ist), daß er keinesfalls gezwungen wird, sich in einer vorausbestimmten stilistischen Richtung zu bewegen — ein Bedenken, das ich nach Veröffentlichung des theoretischen Teiles öfter zu hören bekam —, daß er hingegen ein Rüstzeug empfängt, welches er zur Lösung aller irgendwie gearteten technischen und stilistischen Fragen einsetzen kann. Eine wertvolle Hilfe wird ihm dabei das Vorstudium des vorangehenden theoretischen Teiles leisten, zumal wenn er den Lernenden mit den Beweisen für die im Verlaufe der Arbeit aufgestellten Behauptungen vertraut machen will. Unbedingt nötig ist das jedoch nicht, da die Hauptthesen des ersten Bandes, soweit sie auf die praktische Satzarbeit unmittelbar einwirken, in den Materialbeschreibungen und Arbeitsvorschriften des vorliegenden Übungsbuches in einer dem veränderten Zwecke angepaßten Form wiederum auftreten.

Februar 1939 Paul Hindemith

ERSTE ÜBUNG

Aufbau der einfachsten einstimmigen melodischen Gebilde

Der Schüler stellt wenige Töne zu einem Liniengebilde zusammen, in welchem die melodische Kraft mit der geringstmöglichen Beigabe rhythmischer und harmonischer Elemente auftritt. Er soll in den anspruchslosen und zunächst fast jeden Ausdrucks baren Tonreihen das Wirken dieser Kraft kennen lernen. Das Material, mit dem wir arbeiten, ist so spärlich, die Umrißlinien seines Anwendungsgebietes sind so eng gezogen, daß die Ergebnisse keinerlei Anspruch auf künstlerischen Wert oder gar auf tiefen Eindruck beim Hörer erheben können. Sie sind reine Laboratoriumsversuche, die in der praktischen Musik als selbständige Melodien nicht vorkommen, da es weder wünschenswert noch ausführbar ist, melodische Linien ständig so weit wie hier dem Einflusse des Rhythmus und der Harmonie zu entziehen. Gleichwohl sind die scheinbar so bedeutungsschwachen Gebilde als die Keimzelle selbst der kompliziertesten Melodien anzusehen.

Der äußeren Gestalt nach entspricht eine solche Melodie etwa den in der Kontrapunktlehre angewendeten cantus firmi (cf). Während der cantus firmus aber lediglich als dürftige Schablone für die Übungen des Anfängers dient und in dieser Form für die späteren praktischen Satzkünste des ausgebildeten Musikers keine Bedeutung mehr hat, werden hier die Tonfolgen nach den strengsten Forderungen reiner Melodik angelegt und — wenn auch in etwas abgeänderter Form — als Stütze und Urform jeglicher Satzarbeit auch späterhin beibehalten.

A
Arbeitsmaterial

1. Unser Arbeitsmaterial sind die zwölf Halbtöne der chromatischen Tonleiter,

die wir uns nicht nur in dem hier aufgezeichneten Ausschnitt, sondern im Bereiche der menschlichen Stimmen von jedem beliebigen Anfangston bis zu jeder benötigten Höhe bereitgestellt denken. Die Annahme der diatonischen Dur- und Molltonleiter oder der alten Kirchentonarten als Baumaterial — wie es in allen bis heute gebrauchten Tonsatzlehren üblich war — würde dem Schüler die Arbeit an seinen ersten Satzversuchen zwar wesentlich erleichtern, aber er müßte für diesen trügerischen Gewinn später einen hohen Preis zahlen: Die Erfahrung zeigt immer wieder, wie schwer es selbst den begabtesten und instinktsichersten Musikern wird, aus einem zunächst kaum fühlbaren, später aber heftig den Vorwärtsdrang hemmenden Geleise auszuspringen, um all die Wege beziehungsvoller Mannigfalt kennen zu lernen, welche die freie, große Satzkunst teils von jeher ging, teils im Laufe der letzten Jahrzehnte begehen lernte, und ohne deren Kenntnis wir uns heute ein Eindringen ins innerste Gebiet kunstvollen Satzes kaum noch vorstellen können. Der Anfänger wird darum seine ersten Schwimmversuche sogleich im freifließenden Strome chromatischen Reichtums vornehmen. Das ist nicht gleichbedeutend mit der Erlaubnis, die Töne sich zu kühnen Klumpen von schauriger Niegehörtheit zusammenrotten zu lassen. Unsere allerersten Schritte werden wir vielmehr in Grenzen unternehmen, deren Enge selbst die Forderungen der gläubigsten Verfechter eines schulgerechten cantus firmus-Stiles noch übertrifft.

In dieser Anfangszeit härtesten Tonzwanges spürt der Schüler das Vorhandensein der Chromatik nur soweit, als ihm von jedem gegebenen Tone aus eine größere Anzahl anderer Töne zugänglich ist als in den älteren Lehrmethoden. Aber die Wahl wird ihm nicht zur Qual werden, dafür sorgt eine Reihe von Regeln: Weder wird ihn die Überfülle des Materials erdrücken, noch wird er ins Uferlose abgetrieben werden. Erst im Verlaufe sehr bedächtigen Voranschreitens wird er sich immer ausgiebiger in den Genuß der Vorteile setzen, die ihm der chromatische Tonvorrat bietet.

2. In den Anfangsübungen nehmen wir auf Zeitmaß und Notenwert nur soweit Rücksicht, als Tonwechsel und gleichmäßiger Verlauf einer Aufgabe davon abhängen. Wir schreiben nur ganze Noten und lassen Taktangabe und Taktstriche fort.

Die ganze Note gilt uns ohne jegliche Taktgebundenheit für einen Ton von beliebig langer Dauer. Innerhalb einer jeden Aufgabe wird jedoch allen Tönen ein einheitlicher Zeitwert zugebilligt, und zwar denken wir uns die Einheit in der Länge von etwa 2 bis 3 Pulsschlägen. So kann kein Einzelton durch längere oder kürzere Dauer sich von den anderen absondern, sich vordrängen oder unterordnen, und wir haben Zeit, jeden Ton und jeden Tonschritt in seiner vollen Eindringlichkeit wahrzunehmen und zu verstehen. Der rhythmischen Kraft verbleibt bei solcher Ordnung der denkbar geringste Einfluß auf die Gestalt der Melodie; sie muß sich darauf beschränken, die Grenzen zwischen den einzelnen Melodiegliedern festzulegen. Wenn schon ein so wichtiges Element wie der Rhythmus gering geachtet wird, ist es verständlich, daß wir auf die Dynamik und andere Ausdruckshilfen völlig verzichten: Sie haben für die wesentlichen Vorgänge in Klang und Bewegung, mit denen wir es beim Tonsatz ausschließlich zu tun haben, keine Bedeutung.

3. Die Aufmerksamkeit des Anfängers wird von den Geschehnissen in diesem ihm fremden, an sein Denkvermögen harte Anforderungen stellenden Bereichen so sehr beansprucht werden, daß es unklug wäre, ihn durch ganz äußerliche, den Inhalt der Arbeit nicht betreffende Erschwerungen noch mehr zu belasten. Jeder Lehrer weiß, welche Kämpfe der Lernende am Beginn mit den Schlüsseln auszufechten hat. Wir sind durch eine falsche Erziehung heute dahin

gekommen, daß ein c-Schlüssel (von mehreren übereinander ganz zu schweigen!) selbst für fähige Schüler ein ernsthaftes Arbeitshindernis bildet. So schändlich und verdammenswert dieser Zustand auch ist, wir müssen mit ihm rechnen. Wir notieren darum alle Aufgaben des zweistimmigen Satzes in den zwei gebräuchlichsten Schlüsseln, dem Violin- und dem Baßschlüssel, und heben uns die Anwendung der übrigen für den dreistimmigen Satz auf.

4. Wir schreiben die zweistimmigen Übungen ausschließlich für die vier Singstimmen Sopran, Alt, Tenor, Baß, und zwar zunächst so, daß der Lernende sie ohne Mühe selbst singen kann. Weibliche Schüler schreiben also im Violinschlüssel für Sopran oder Altstimmen, männliche notieren im Baßschlüssel oder für höhere Stimmlagen in der mit einer kleinen 8 versehenen Tenorform des Violinschlüssels. Erst in den späteren Aufgaben (von der zweiten Übung ab) dürfen die Schüler auch für andere Stimmen als die eigene schreiben; aber auch dann sollen sie, indem sie sich den stimmlichen und — meist recht spärlichen — gesangstechnischen Fähigkeiten ihrer Mitschüler (oder des Lehrers) anpassen, immer den lebendigen Klang, niemals nur das Notenpapier bearbeiten. Die Übungen werden ohne Text, nur auf la-la oder ähnliche Silben gesungen, erst in den letzten beiden Übungen beziehen wir auch das Wort in unsere Arbeit ein. Im Durchsingen einer jeden Aufgabe ist stets die letzte Prüfung auf den Wert des Geschriebenen vorzunehmen.

B

Arbeitsvorgang

Eine Melodie besteht, soweit die rein melodische Tätigkeit der Intervallfortschreitungen ohne ihre rhythmischen und harmonischen Inhalte in Frage kommt, aus Tonschritten und Sprüngen. Die Überbrückung des Raumes zwischen zwei klingenden Endpunkten mittels eines Energieaufwandes, der gerade den Abstand einer großen oder kleinen Sekunde bewältigt, wird als *Tonschritt* empfunden; alle darüber hinausgehenden Tonräume von der kleinen Terz an werden mittels *Sprüngen* überwunden. Es lassen sich äußerst gegensätzliche Linienzüge bilden, in denen längere Melodiestrecken entweder nur aus Sekundschritten oder nur aus Sprüngen bestehen. Zu den beglückendsten Gestalten melodischer Willensäußerungen gehören sie jedoch nicht; diese sind vielmehr dort zu finden, wo Schritte und Sprünge in weiser Ordnung abwechselnd ihre spannungsreiche Eigenart geltend machen und sich zur formalen, klanglichen und inhaltlichen Gesamtwirkung vereinigen. Diese Ordnung, aus der inneren Beschaffenheit des Einzeltones geboren und entwickelt, durch Erziehung, Erfahrung und persönlichen Geschmack beeinflußt, soll auch in den kleinsten, in sich geschlossenen melodischen Gebilden herrschen, die wir jetzt herstellen wollen. Die Beachtung der folgenden Vorschriften wird uns diesem Ziele zuführen.

REGEL 1
Der Höhenumfang einer Aufgabe beträgt ungefähr eine Oktave.

und ähnlich

Das Wort „ungefähr" sagt, daß diese Grenze nicht übergewissenhaft eingehalten werden muß. Wenn ein größerer Umfang sich als dringend nötig erweisen sollte, kann der Oktavraum um einiges überschritten werden. Die Beschränkung im Höhenumfang der Aufgaben verhindert das Anbringen weiter Melodiebögen, die als Ausdrucksmittel großen Stils den ganz auf Satzreinheit gestellten, mit einem Mindestmaß von Ausdruck zufriedenen Charakter unserer Aufgaben zerstören würden. Ferner bietet uns die geringe Höhenspanne die Sicherheit der gesanglichen Ausführung durch die eigene Stimme.

REGEL 2
Über die Längenausdehnung kann keine streng bindende Vorschrift gegeben werden. Der Schüler wird jedoch bemerken, daß die Beachtung aller Verhaltungsmaßregeln den Aufgaben eine gewisse einheitliche Länge sichert. Weniger als 7 Töne dürften kaum das Empfinden melodischer Entwicklung aufkommen lassen, bei der doppelten Anzahl wird sich durch das oft nötige Zurückkommen auf einen schon vorher gebrauchten Ton eine gewisse Langeweile einstellen.

REGEL 3
Der Anfangs- und Endton sind gleich. Indem wir zum Schlusse an den Ausgangspunkt zurückkehren, erzielen wir beim Hörer das Gefühl formaler und tonaler Rundung und Geschlossenheit.

REGEL 4
Die Bewegungsrichtung ist nach spätestens vier Tönen zu wechseln, um zu starken Auftrieb oder Abfall der Tonlinie zu verhüten.

REGEL 5
Dem Schlußtone können nur folgende Töne vorangehen, alle anderen beeinträchtigen seine Schlußwirkung:
  Seine Sekunde (groß oder klein) von unten oder oben,
  seine Terz (groß oder klein) von oben,
  seine Quarte von unten,
  seine Quinte von oben.

AUFGABE 1
Schreibe in ganzen Noten und ohne Taktstriche mehrere Melodien, die sich an die obigen Vorschriften halten und die du ohne Mühe singen kannst. Was schwer zu singen ist, kann nicht richtig sein! Verbessere so lange, bis du mit deiner Leistung ganz zufrieden bist.

Der Lernende gewöhne sich an, nicht eher weiterzugehen, bis er alles, was zur Vorbereitung einer Aufgabe dient, restlos begriffen hat und bis die Aufgabe selbst gelöst ist.

AUFGABE 2
Vergleiche, ob die Ergebnisse der Aufgabe 1 Stellen aufweisen, die durch folgende Regeln berührt werden und merke diese Stellen an.

Unsere Melodien sollen im Ebenmaße steten ruhigen Voranschreitens ihre Bögen ziehen. Dazu gehört, daß ihnen jede Tongruppe ferngehalten wird, die sie in ihrem gemessenen Laufe aufhalten könnte. Gewinnt nämlich ein Ton oder eine Tongruppe durch Zeitwert, günstigen Platz oder durch engen Zusammenschluß mit anderen ein Übergewicht über die Umgebung (Satzmittel, die in einer weniger gefesselten Satzweise als der unseren bewußt angewendet werden), so wird der Melodieablauf gestört. Auf solche Störungen beziehen sich die folgenden Vorschriften.

REGEL 6
Sofortiges Wiederauftreten eines Tones ist verboten.

Erklingt ein Ton ohne Ablösung durch Zwischentöne nach seinem ersten Erscheinen sogleich noch einmal, so verstärkt sich seine Stellung den anderen Tönen gegenüber, er hemmt den Melodieverlauf. Auch die nochmalige Wiederkehr eines Tones nach der Unterbrechung durch Zwischentöne legt den Melodiegang zu sehr auf diesen Ton fest.

Die Gruppe Ton—Wechselton—Ton ist daher in unseren ersten Aufgaben zu vermeiden. Die Gefahr allzu starker Bindung an einen mehrfach auftretenden Ton verliert sich in dem Maße, wie sich die zwischen ihn und seine Wiederholung eingeschobenen Töne vermehren.

REGEL 7
Vermeide Akkordbrechungen. Mehrere aufeinanderfolgende Melodietöne dürfen keine Tongruppe bilden, die als gebrochener Dreiklang oder sonst wahrnehmbarer drei- oder mehrstimmiger Akkord aufgefaßt werden kann.

Eine solche Tongruppe würde durch ihre Geschlossenheit die Aufmerksamkeit an sich reißen und so die umliegenden Töne entwerten. Der ruhige melodische Verlauf wäre auch hier gestört. Mit zwei Tönen läßt sich das Akkordgefühl noch nicht hervorrufen, obwohl es beim Auftreten des großen oder kleinen Terzschrittes schon deutlich angerührt wird; erst bei mindestens drei Tönen läßt sich entscheiden, welcher Akkord gemeint ist. Am auffälligsten wirken die Brechungen derjenigen Akkorde, die einen Tritonus (übermäßige Quarte = verminderte Quinte) enthalten; sie sind besonders zu meiden.

Die Bezeichnung Tritonus gilt eigentlich nur für die übermäßige Quarte (sie besteht aus drei aufeinanderfolgenden Ganztonschritten), für die verminderte Quinte gibt es keine Sonderbezeichnung. Ich gebrauche den Namen Tritonus der Einfachheit halber für beide Intervalle.

Die Akkordwirkung der gebrochenen Dreiklänge und Tritonusakkorde läßt sich durch eingeschobene Töne, die zu einem der Akkordtöne im Sekundverhältnis stehen, stark eindämmen, ganz ausschalten kann man sie allerdings damit nicht.

Es läßt sich keine genaue Regel aufstellen, wonach der Lernende die satzstörende oder -fördernde Eigenschaft solcher Akkordbrechungen mit Zwischentönen eindeutig feststellen könnte. Er muß sich bei der Beurteilung solcher Tongruppen mehr als sonst auf sein Gehör verlassen. Empfindet es den Akkordzusammenschluß trotz dem Einschub als eine Hemmung des glatten Satzablaufes, so verzichte man auf ihn. Ist der melodische Trieb in einer Tonlinie jedoch so stark, daß eine Akkordbrechung mit Zwischentönen von ihm überrannt, mitgerissen und dadurch unschädlich gemacht wird, so seien diese sonst bedenklichen Figuren für die Verwendung freigegeben.

REGEL 8
Vermeide Sequenzen (Wiederholung der gleichen Tonfolge auf anderer Tonhöhe).

Auch die Sequenzen erzeugen zusammengehörige Tongruppen. Selbst wenn die erste Figur einer Sequenz völlig regelgetreu gebaut ist, wird sie doch durch ihre höher oder tiefer gelegte Wiederholung deutlicher als die alleinstehenden Töne dem Hörer zum Bewußtsein gebracht. Die kleinste aller Sequenzen,

die Wiederholung einer nur zweitönigen Figur auf anderer Stufe, stört nicht, wenn sie nicht öfter als einmal wiederholt wird oder die Aufgabe in einen auffälligen Taktrhythmus gliedert. Häufig stört sie aber als umgekehrte Sequenz, besonders wenn die sequenzierte Figur einen Sprung enthält.

Wenn ich sage „häufig", so heißt das, daß mit Regeln und Verboten das musikalische Geschehen selbst dieser kleinsten Aufgaben nicht restlos zu umreißen ist. Es wird immer Fälle geben, wo zwischen zwei gleicherweise richtigen Lösungen der Geschmack entscheidet; ja in seltenen Fällen dürfte auch einer nicht ganz richtigen Form der Vorzug vor der regelrechten gegeben werden. Der Schüler tut aber gut, sich nicht zu oft auf diesen Satz zu berufen! Er wird ohnehin bemerken, daß die Regeln und Verbote ihn nicht weiter einschnüren sollen, als zur Erzielung der jeweils geforderten Genauigkeit und Klarheit nötig ist. Es gibt keine Vorschrift, die durch alle Stufen eines Lehrganges gleiche Gültigkeit behielte, sie wird stets den besonderen Erfordernissen des behandelten Falles angepaßt werden müssen. Die hier aufgestellten Anweisungen werden darum schon in den folgenden Übungen nach Bedarf erweitert, durch andere ersetzt oder einfach für ungültig erklärt.

Die vorangehenden Vorschriften gewährleisten durch das Fernhalten bremsender Gruppenbildungen den ruhigen Verlauf der Melodie bis zu einem gewissen Grade. Damit ist allerdings die aus der entgegengesetzten Richtung drohende Gefahr nicht gebannt: die ungebührliche Beschleunigung des melodischen Verlaufes durch allzu auffällige Sprünge.

REGEL 9

Größere Sprünge als der in die Quinte (auf- oder abwärts) dürfen nicht angewendet werden. Sext- und Septimensprünge erzeugen entweder Gruppenbildungen, indem die ihnen nachfolgenden Töne als eine Art befriedigenden Zieles (Auflösung) empfunden werden, wodurch die Sexten und Septimen als untergeordnete Glieder einer zusammengeschlossenen Tonfolge erscheinen.

Oder aber es bilden sich auf größere Entfernungen Akkordbrechungen, die zwar durch andere Töne unterbrochen sind, aber doch deutlich wahrnehmbar zusammengehören.

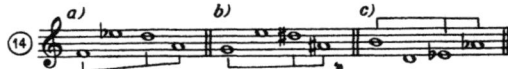

Wir sahen schon bei der Aufstellung der Regel 7, daß solche „aufgehaltenen" Akkordbrechungen nicht gänzlich ausgeschaltet werden können, wenn wir die Entwicklung gutfließender Melodielinien nicht über Gebühr behindern wollen. Will man sie anwenden, so bediene man sich der weniger auffälligen Formen; die Auffälligkeit wächst mit der Größe der Sprünge, welche in einer solchen Tongruppe enthalten sind.

Man störe sich in Fällen wie Beispiel 14 b und c nicht an der Schreibweise. Die Notation sagt nichts von einem gebrochenen Akkord, das klingende Beispiel läßt uns jedoch einen Sextakkord vernehmen. Es ist immer in erster Linie der Klang, nach dem wir urteilen müssen, genau wie wir in der Sprache hauptsächlich nach dem gesprochenen Wort und nicht etwa nach der Orthographie des Geschriebenen entscheiden. Damit ist nicht gesagt, daß die Rechtschreibung vernachlässigt werden darf! Sie hat ihre eigene Logik, der man beim Schreiben streng zu folgen hat. Über den Klang jedoch entscheidet ausschließlich das Ohr, nicht das Auge.

Und schließlich wird durch die Anwendung so großer Sprünge unsere Melodie zu ausgezackt und bekommt damit eine zu ausdrucksvolle Eigenart, die dem gewünschten Normalverlaufe widerspricht. Sprünge in die Oktave gelten als Tonwiederholung (siehe Regel 6), darüber hinausgehende Sprünge entfallen als Verstoß gegen Regel 1. Selbst der harmlose Quintsprung kann einer sonst ausgeglichenen Melodie schon einen unangenehmen stoßweisen Vorwärtsdrang einimpfen. Es empfiehlt sich daher, ihn dadurch abzuschwächen, daß man unmittelbar nach ihm nicht mehr als höchstens einen Ton in der gleichen Richtung folgen läßt und hierauf die Richtung des Melodielaufes umkehrt.

Damit kommt allerdings fast immer eine der vorgenannten aufgehaltenen Akkordbrechungen zustande, die aber hier als Sicherung gegen auffälligere Satzfehler unbedenklich angewandt werden kann.

REGEL 10

Einem Sprung darf nicht noch ein zweiter in gleicher Richtung folgen. Zwei solcher Sprünge, die aufeinander folgen, bilden ebenfalls zusammengehörige Tongruppen. Stehen nämlich drei Töne so zueinander, daß sie zwei gleichgerichtete Sprünge einschließen, so verstoßen sie entweder gegen die Regel 7, weil sie als Akkordbrechung anzusehen sind,

oder der ihnen nachfolgende Ton ergänzt die beiden ersten zu einem nicht zu überhörenden Akkord.

Unter Akkord sind in diesem Falle auch solche dreitönigen Folgen zu verstehen, die aus einem Ton und seiner Oktavwiederholung mit dazwischenliegenden Sprüngen bestehen.

Wechselt zwischen Sprüngen die Bewegungsrichtung, so dürfen mehrere aufeinander folgen, wenn damit nicht andere Vorschriften verletzt werden.

AUFGABE 3
Verbessere in den bisher geschriebenen Melodien alles, was sich zufolge der vorstehenden Regeln an Fehlern in ihnen findet.

Bei dieser Arbeit wird es sich herausstellen, daß in dem engen Bewegungskreise ein einmal gemachter Fehler bei der „Verbesserung" meist neue Fehler erzeugt. Ein oder das andere Stückchen läßt sich vielleicht einrenken, aber häufig wird nach langem Herumändern die Melodie völlig unbrauchbar werden. Das schadet nichts. Die späteren Aufgaben stellen uns weit günstigere Bedingungen, so daß wir dann erfreulichere Ergebnisse erwarten dürfen.

AUFGABE 4
Schreibe neue Melodien mit Berücksichtigung aller bisherigen Regeln.

Nun folgen noch drei Regeln. Sie gehören zwar sinngemäß noch zu den vorigen, sind aber trotzdem von ihnen abgetrennt, um den Lernenden nicht mit einer ununterbrochenen Reihe von Verhaltungsmaßregeln kopfscheu zu machen.

REGEL 11
Mehr als zwei Sekundschritte in gleicher Richtung hintereinander sind nicht gut, weil sie als größerer Ausschnitt einer Tonleiter nur ganz geringe melodische Spannung haben (vgl. auch die Regel 4).

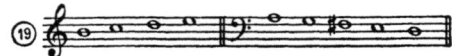

REGEL 12
Vermeide übermäßige und verminderte Schritte. Wird nach einem übermäßigen oder verminderten Schritt der dritte Ton sprungweise erreicht, so ergeben sich Akkordgruppen,

oder die Folge von drei Tönen zerfällt in die Gruppen 1 + 2 oder 2 + 1, das heißt, es bildet sich ein leichtverständliches kräftiges

Intervall (im folgenden Beispiel durch die Klammer kenntlich gemacht), dem der übrigbleibende Ton als untergeordneter Nebenton dient.

Dasselbe wird bei stufenweiser Einführung des auf den übermäßigen oder verminderten Schritt folgenden dritten Tones erreicht.

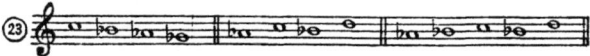

Die zusammenbindende Kraft der übermäßigen und verminderten Intervalle erstreckt sich nicht nur auf die Töne, welche unmittelbar an einem solchen Schritt beteiligt sind. Insbesondere ist es der bemerkenswerteste Intervallschritt unter ihnen, der schon erwähnte Tritonus, welcher seine Bindekraft auf längere Strecken ausübt. Er ist in Tonreihen, die in kleinen Schritten vorangehen, noch nach 4 oder 5 Tönen spürbar.

Diese und ähnliche Folgen fallen zwar nach den vorangehenden Verboten meist ohnehin weg, immerhin ist es aber darüber hinaus gut, sich mit der eigenartigen Wirkung des Tritonusschrittes schon jetzt gründlich vertraut zu machen. Man kann einwenden, daß in vielen Fällen das verminderte oder übermäßige Intervall einfach mittels der Schreibweise zu umgehen sei.

Folgende Regel verhindert diesen Versuch.

REGEL 13

Chromatik ist unstatthaft. Unter Chromatik verstehen wir hier Folgen von wenigstens drei Tönen, die sich im Halbtonabstand aneinanderreihen, also zwei kleine Sekundschritte.

Aber auch schon bei zwei Tönen — einem einzigen kleinen Sekundschritt — kann sich die Chromatik einschleichen: wenn nämlich das Notenbild einen Ton nebst seiner Veränderung durch ♯ oder ♭ zeigt.

Räumen wir hier der Orthographie nicht doch ein Recht ein, das wir ihr eben noch abgesprochen haben? Nein, denn es handelt sich hier garnicht um eine Frage der Schreibweise. Wir bedienen uns nämlich des orthographischen Bildes nur als eines ganz äußerlichen Hilfsmittels: Es zeigt uns in der niedergeschriebenen chromatischen Veränderung eines Tones an, daß eine fehlerhafte Gruppenbildung mit den vorangehenden oder folgenden Noten vorliegt, wovon die chromatisch notierte Führung nur ein Teil ist. Die fehlerhafte Führung ist demnach auch hier zuerst aus der klanglichen Erscheinung zu erkennen, wir nehmen darüber hinaus den Warnungsruf der Notierung als willkommenes Hilfsmittel dankbar an.

Chromatische Führungen binden die Töne zu eng aneinander. Diese kleben zusammen und kommen nicht zu der freien Linienentfaltung, die wir für unsere Aufgaben fordern. Auch die von einzelnen fremden Tönen unterbrochene chromatische Tonreihe wird nicht geduldet.

Bei mehr als zwei Zwischentönen kann es vorkommen, daß chromatische Schritte nicht mehr stören; bei drei Zwischentönen sind sie fast immer erträglich, wenn dadurch nicht andere Fehler entstehen.

AUFGABE 5

Stelle fest, wie weit die zuletzt geschriebenen Melodien (aus Aufgabe 4) den neuen Regeln widersprechen und verbessere sie.

C
Musterbeispiele

BEISPIEL 1

Dieses Beispiel zeigt auf kleinstem Raume so viel melodische Entwicklung, wie aus unserem geringfügigen Baumaterial herauszuholen ist. Es löst sich in guter Steigerung von seinem Anfangstone ab, steuert zielbewußt auf den Höhepunkt zu und rundet sich mit dem Quintsprung zu einem in sich geschlossenen kleinen Musikstück — sofern wir die Bezeichnung „Musik" für dieses ausschließlich konstruierte Gebilde gelten lassen wollen. Die feste Einschnürung in eine große Zahl von Arbeitsregeln läßt freilich die Erfindung keineswegs zu ihrem Rechte kommen; der Schüler wird aber im Laufe der Arbeit doch bemerken, daß es selbst in diesem engsten Rahmen und bei Befolgung aller Vorschriften schöne und weniger schöne Lösungen gibt. Es besteht also ein kleiner, kaum bemerkbarer Spielraum zur Entfaltung persönlichen Ausdrucks, aus dem sich bei vermehrtem Baumaterial und bei minder gestrafften Zügeln dereinst begehbare Wege in die freie Satzkunst schlagen lassen.

BEISPIEL 2

Eine kompliziertere Anlage. Dem plötzlichen Aufschwung am Anfang steht als Ausgleich der Quint-Abwärtssprung a^1—d^1 gegenüber, in der Mitte wird das Gleichgewicht gehalten durch ein zweimaliges a^1 mit zwei Sekunden, die ihm als Stütze beigegeben sind.

BEISPIEL 3

Nur mäßig interessant in seiner pyramidenhaften Anlage, deren einförmiger Auf- und Abstieg durch das f—g aufwärts und seine Umkehrung g—f abwärts noch banaler erscheint. Eine kleine Besserung wäre der Ersatz des f—g durch e—f.

Hierdurch kommt die chromatische Rückung e—es zustande, die wegen der vielen Zwischentöne nicht stört, vielmehr die schale Kost ein wenig würzt.

BEISPIEL 4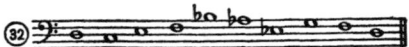

Die bedächtige Vorbereitung des Höhepunktes durch die beiden Anfangstöne und der starke Schwung nach unten geben diesem Stückchen einen eigenen Reiz, der vor dem Abschluß mittels der Vertiefung des früheren a zu as noch erhöht wird. Die Umwandlung des c in cis brächte keine Vorteile,

da die Töne cis — e — f — b wie ein b moll-Dreiklang mit einem zum f tretenden Nebenton gehört würden und so der ganze Verlauf an diesen Akkordklumpen gefesselt wäre.

Hier ist der Nachteil ausgeglichen auf Kosten der Spannung; sie ist weit geringer als in der ersten Fassung (Beispiel 33).

Diese Lösung ist schlecht, weil sich aus den Tönen c — e — fis — a ein Akkord (mit dem Nebenton h) bildet, der mit seinem Tritonus c — fis noch besonders auffällt. Besser wäre folgende Form:

Die Wirkung ist fast ebenso gut wie die des Bespiels 33. Beachte die Anwendung der Chromatik. Beim Aufwärtsschreiten haben wir ein as (zweite Note), beim Hinuntergehen (vorletzte Note) ein a; das ist insofern eigenartig, als man im allgemeinen mittels der höhertreibenden Töne hinaufgeht und die Vertiefungen, ihrem Drange nach unten entsprechend, für den Abstieg nimmt.

AUFGABE 6

Baue mit Berücksichtigung aller bisher gegebenen Regeln ähnliche Melodien wie die vorstehenden. Nach der Niederschrift singe sie und beurteile sie nach Gestalt und Eindruck bis in die letzten Einzelheiten.

Zusammengefaßte Übersicht aller hierfür geltenden Satzvorschriften:
1. Höhenumfang ungefähr eine Oktave;
2. Länge nicht unter 7 ganzen Noten;
3. gleicher Anfangs- und Endton;
4. Bewegungsrichtung nach spätestens 4 Tönen wechseln;
5. nur bestimmte Töne sind vor dem Schlußton möglich;
6. keine Tonwiederholungen;
7. keine Akkordbrechungen;
8. keine Sequenzen;
9. keine größeren als Quintsprünge;
10. nicht mehr als ein Sprung in gleicher Richtung;
11. keine Tonleiterausschnitte;
12. keine übermäßigen und verminderten Schritte;
13. keine Chromatik.

Achte außerdem auf die Stellung der Höhen- und Tiefenpunkte, die infolge ihrer Auffälligkeit selbst einen im übrigen regelgetreuen Satz günstig oder ungünstig zu beeinflussen vermögen.

Ich muß bekennen, daß zu dem in dieser Übung gesteckten Ziele nur schmale Pfade führen, die mühsam zu finden sind. Der Lernende, der auf ihnen der Beherrschung des spröden Materials ein Stück näherkommt, hat schon viel gewonnen. Er lernt damit zunächst einmal, mit den sparsamsten Mitteln die bestmögliche Wirkung zu erzielen, ein Arbeitsprinzip, das bis in die fernsten Höhen kompositorischer Arbeit beibehalten werden kann. Sodann erfährt er schon in diesem frühen Stande seines setzerischen Könnens, wie fest und widerstandsfähig, aber auch wie biegsam und elastisch die Töne sind. Er sieht, in welcher Richtung die melodische Kraft der Tonverbindungen sich ausdehnt und versucht sie dahin zu lenken, wo er sie haben will; er sieht aber auch, wie wenig ein einzelnes Element auszurichten vermag, wenn ihm die Unterstützung der anderen fast gänzlich fehlt. So zeigt sich vielleicht als Hauptergebnis dieser ersten Übung, daß wir an den Noten, die infolge der vielen Verbote nicht niedergeschrieben werden durften, mehr erfahren und lernen als an den wenigen, die schließlich auf den Notenlinien stehen.

ZWEITE ÜBUNG
Beginn der Zweistimmigkeit

Einstimmige Melodien, nach den Vorschriften der ersten Übung hergestellt, werden jetzt mit einer zweiten Stimme versehen. Bisher lösten wir Aufgaben, die ausschließlich der Erziehung zum melodischen Denken und Hören dienten. Die neue Übung bezweckt im Gegensatz hierzu hauptsächlich den Aufbau harmonischer Verbindungen in ihren kleinsten, eindeutigen Formen. Wir gehen vom Melodienbau aus, den wir nun nach dem im wirklichen Sinne des Wortes eintönigen Linienspiel der ersten Übung schon bis zu einem gewissen Grade beherrschen und der deshalb in dem kleinen Bezirke, den wir einstweilen kennen, als eine feststehende Form musikalischen Geschehens gilt. An ihm als einem leitenden Faden tasten wir uns mit vorsichtigen, zunächst sehr kurzen Schritten in das neue Gebiet. Auf die Mitwirkung des rhythmischen Elements bei unseren Entdeckungszügen verzichten wir noch immer.

Auch diese zweite Übung ähnelt mehr einem Geduldspiel als musikalischer Satzarbeit. Die Überwindung der trotz ihres ungleich reichhaltigeren Baumaterials doch mit hartem Zwange drückenden folgenden Aufgaben erfordert Geduld und guten Willen; die Freude an der später allmählich eintretenden größeren Freiheit wird dann umso lebhafter sein und für manche Plage entschädigen.

A
Arbeitsmaterial

1. Der Tonvorrat, den wir von der ersten Übung her kennen, und die Notationsregeln (ganze Noten, keine Taktstriche) gelten auch

hier. Wir notieren auf zwei Linien in verschiedenen Schlüsseln, die den jeweils verwendeten Stimmhöhen angepaßt sind. Die eine Stimme wird wie vorher so notiert, daß der Schüler sie selbst ohne Mühe singen kann, die andere ist einem helfenden Mitsänger (Mitschüler, Lehrer) ebenso stimmgerecht zu setzen.

2. Bis jetzt haben wir die Intervalle nur als zeitliche Aufeinanderfolge zweier Töne, als Tonschritt angewendet. Nunmehr wollen wir sie als geschlossene Klangeinheit, als zweistimmigen Zusammenklang kennen und anwenden lernen. Wir benutzen nur diejenigen unter ihnen, die sich ohne nennenswerten Widerstand einer zweistimmigen Bearbeitung fügen. Es sind dies innerhalb des Raumes einer Oktave. Einklang, Oktave, Quinte, Quarte, große und kleine Terz, große und kleine Sexte. Zusammenklänge, die den Oktavraum überschreiten, zählen wie ihre in der tieferen Oktave liegenden Abbilder: die Dezimen wie Terzen, die Undezime wie die Quarte, die Duodezime wie die Quinte. Alle übrigen Intervalle sind für uns einstweilen nicht vorhanden, weil zu ihrer Handhabung Kenntnisse nötig sind, die wir erst im Laufe der Arbeit erringen werden.

Es ist zu umständlich, bei der Erwähnung der Intervalle ständig ihre voll ausgeschriebenen Namen — große Terz, übermäßige Quinte usw. — anzuwenden. Wir benutzen daher in Zukunft die Zahlzeichen 1—8, die nach dem Vorbilde der Klaviertasten für die innerhalb der Oktave c—c^1 gerechneten und dann beliebig transponierten „weißen" Intervalle gelten (1 = Prime, 2 = große Sekunde, 3 = große Terz .... 8 = Oktave).

Die dazwischenliegenden, den schwarzen Klaviertasten entsprechenden Intervalltöne werden mit zwei Zahlen und verkehrtliegendem Bruchstrich dargestellt:

1\2 bedeutet dann das zwischen 1 (Prime) und 2 (großer Sekunde)

liegende Intervall, nämlich sowohl die übermäßige Prime wie die kleine Sekunde. Ferner: 2\3 übermäßige Sekunde und kleine Terz, 4\5 übermäßige Quarte und verminderte Quinte, 5\6 übermäßige Quinte und kleine Sexte, 6\7 übermäßige Sexte und kleine Septime. Nach Bedarf kann die Zählung über 8 hinaus fortgesetzt werden (8\9, 9, 9\10, 10 ...).

Mit dieser Schreibweise wird angedeutet, daß ein Intervall als *Tonschritt*, als Fortschreitung von einem Tone zu einem anderen gemeint ist.

Damit haben wir noch kein Zeichen für den Zusammenklang zweier Töne, das aber ebenfalls unerläßlich ist, wenn wir nicht fortwährend zu ausführlichen Umschreibungen greifen wollen. Wir setzen somit für die Intervalle als *Zusammenklänge* noch ein zusätzliches Zeichen fest, und zwar soll ein ovaler Ring um die Intervallziffer anzeigen, daß die beiden Töne nicht nacheinander, sondern zu gleicher Zeit erklingen; 5 ist demnach der Quintschritt, ⑤ der Quintzusammenklang; 2\3 der kleine Terzschritt, ②\③ die kleine Terz als zusammenklingendes Intervall.

Eine Bezeichnungsweise dieser Art hebt ebenso wie die Anordnung der Klaviertasten die Unterschiede zwischen übermäßigen und verminderten Intervallen auf. Die Notenschrift mit ihrer Doppelbezeichnung mittels ♯ und ♭ bleibt jedoch unangetastet, infolgedessen gelten auch die Satzregeln über die Verwendung dieser Intervalle unverändert weiter.

Die zusammenklingenden Intervalle haben folgende Eigenschaften:
a) Sie sind umkehrbar. Innerhalb des Oktavraumes lassen sich alle Intervalle so umdrehen, daß ihr unterer Ton über den oberen hinwegsteigt und in die höhere Oktave versetzt oben zu liegen kommt. Die beiden Intervalle, das ursprüngliche und das umge-

kehrte, sind in ihrer Klangwirkung einander ähnlich und ergänzen sich stets zu einer Oktave.

Die ⑤ läßt sich solcherart in die ④ umkehren, die ⑤\⑧ in die ③. Nach diesem Muster gruppieren sich zu Paaren ① und ⑧, ⑤ und ④, ③ und ⑤\⑧, ②\⑧ und ⑥ (und die von uns erst später zu verwendenden ② und ⑥\⑦, ①\② und ⑦). Der Tritonus bildet mit seiner Umkehrung kein Paar von Intervallen verschiedener Größe. Wird er umgekehrt, so entsteht dasselbe wie das Ausgangsintervall: auch nur ein Tritonus.

b) Sie haben Grundtöne, die den Intervallklang tragen. Ihre beiden Töne sind (außer bei ① und ⑧, wo ja kein Unterschied zwischen den beiden Bestandteilen des Intervalls herrscht; ebenso beim Tritonus, darüber später) von ungleicher Wichtigkeit. Der eine von ihnen wird selbst bei völlig gleicher Tonstärke als hervortretend, beherrschend empfunden, der andere steht im Range eines Begleiters, ohne den das Intervall nicht bestehen könnte, der aber trotzdem nicht die augenfällige Vordringlichkeit zeigt wie sein kräftigerer Genosse.

Die Grundtöne liegen bei ⑤, ③ und ②\⑧ unten; diese Intervalle sind wegen der günstigen Lage des Schwerpunktes (der sogar durch die größere Wellenlänge der tieferen Töne auch als ganz materielles körperliches Übergewicht erscheint) standfest, zuverlässig und kräftig. Ihre Oktavergänzungen, die zweiten Intervalle der vorerwähnten Paare (④, ⑤\⑧ und ⑥) sind durch die Umkehrung auf den Kopf gestellt und zeigen durch die hiermit erfolgte Hochlegung des Grundtones eine deutlich bemerkbare

Unstabilität. Aus diesen Eigenheiten der Intervalle ergeben sich wichtige Folgerungen für den zwei- und mehrstimmigen Satz.

> AUFGABE 7
> Notiere von verschiedenen Tönen aus alle für uns als Zusammenklänge brauchbaren Intervalle, beziffere sie und bezeichne ihren Grundton.

B
Arbeitsvorgang

REGEL 14

Als Vorlage für jede Aufgabe dient uns eine einstimmige Melodie, welche genau nach den Vorschriften der ersten Übung gebaut ist. Wir entnehmen sie entweder aus den Ergebnissen der ersten Übung oder schreiben neue Muster. An diesen Vorlagen darf während der zweistimmigen Bearbeitung nichts geändert werden. Die ursprüngliche Stimme, auf die sich der zweistimmige Satz gründet, wird in den Beispielen als „Vorlage", die hinzugefügte als „2. Stimme" bezeichnet.

REGEL 15

Die 2. Stimme wird nach den Richtlinien, welche für die Vorlage galten, hergestellt. Da sie indessen an die Vorlage gekoppelt ist und deshalb nicht die gleiche Selbständigkeit besitzt wie diese, müssen die strengen Anordnungen um einiges gelockert werden. In der 2. Stimme dürfen darum vorkommen:

a) Dreiklangsbrechungen, jedoch keine Brechungen von Tritonus-Akkorden und übermäßigen Dreiklängen. Damit wird die Regel 10 etwas erweitert: Zwei aufeinanderfolgende gleichgerichtete Sprünge können in der 2. Stimme vorkommen, wenn es sich um eine erlaubte Akkordbrechung handelt.

b) Sprünge bis zu einer Sexte und Oktavsprünge, beide auf- und abwärts; nach einem Quintsprung können noch mehrere Töne in gleicher Richtung folgen. (Vorsicht!)

c) Mehr als zwei aufeinanderfolgende gleichgerichtete Sekundschritte.
d) Wechseltöne (z. B. c—b—c, e—gis—e).
e) Außer den in der Regel 5 genannten vorletzten Tönen auch der 5-Schritt von unten und der 4-Schritt von oben.
f) Anfangs- und Schlußton der 2. Stimme brauchen, wenn diese als Oberstimme auftritt, nicht übereinzustimmen; wird die Vorlage aber mit einer *unter* ihr liegenden 2. Stimme versehen, so gilt für deren Anfangs- und Schlußton wieder die Regel 3.

Für die 2. Stimme behalten im übrigen ihre Gültigkeit die Regeln:

1 (Höhenumfang ungefähr eine Oktave)
6 (keine Tonwiederholungen)
8 (keine Sequenzen)
10 (nicht zwei aufeinanderfolgende gleichgerichtete Sprünge — siehe aber Regel 15 a!)
12 (keine übermäßigen oder verminderten Schritte)
13 (keine Chromatik).

Diese Vorschriften unterrichten uns zwar über die Beschaffenheit jeder der beiden Stimmen, sie sagen uns aber nichts über deren Zusammenwirken. Es ist wohl jedem Leser klar, daß sich zwei in einem beschränkten Raum zusammengespannte selbständige Gestalten, seien es nun Lebewesen, physikalische Objekte oder bewegte Tonlinien, nicht mit derselben Freiheit bewegen können wie eine einzelne, die den gesamten Raum unbeschränkt benutzt. Die aus der Bewegung sich ergebende ständig wechselnde Neubeanspruchung des verfügbaren Platzes, die zwischen den beiden bewegten Einheiten herrschende Anziehung und Abstoßung verlangen, wenn ein sinnvolles und überzeugendes Zusammengehen erzielt werden soll, nach wohldurchdachten Verhaltungsmaßregeln. Da bei den zweistimmigen Tonlinien über die Eigenarten des Raumstreites und des gegenseitigen Verhaltens hinaus noch die ständige Schwerpunktverlagerung zwischen den Intervallen mit untenliegendem Grundton und ihren Umkehrungen das Bild bereichert, ist es verständlich, wenn eine verhältnismäßig große Zahl von Vorschriften nötig ist, um einen derartigen Tonsatz ins Gleichgewicht zu bringen.

REGEL 16

Stimmkreuzungen sind verboten, sie heben die Verständlichkeit des zweistimmigen Satzes auf.

REGEL 17

Der Abstand der beiden Stimmen voneinander richtet sich:
a) nach der Höhenlage der besetzten Singstimmen. Für Stimmlagen geringen Höhenabstandes (Sopran und Alt, Alt und Tenor, Tenor und Baß) dürfte gewöhnlich die ⑩ als weitester Zwischenraum genügen, den auseinanderliegenden Stimmpaaren (Sopran und Tenor, Alt und Baß, Sopran und Baß) ist ein entsprechend größerer Spielraum zuzubilligen.
b) nach der Beschaffenheit der Melodievorlage. Bewegt sie sich in ruhigen, wenig ausschlagenden Bahnen, so können die beiden Stimmen näher nebeneinander verlaufen. Sind die Höhenumfangslinien der Vorlage weit gespannt, so muß die 2. Stimme, um nicht ihrer Führerin ins Gehege zu kommen, den Abstand zu ihr erweitern.

REGEL 18

Am Anfang und Schluß des zweistimmigen Satzes darf außer dem Zusammenklang von ① und ⑧ nur ein Intervall stehen, das den Grundton unten hat (⑤, ③, ③\³).

REGEL 19

Die Verwendung der Intervalle mit obenliegendem Grundton erheischt einige Vorsicht. Als Anfang oder Schluß sind sie unbrauchbar, an Stellen von bemerkenswerter Wichtigkeit oder sonstigen auffälligen Wendungen unvorteilhaft.

REGEL 20

Wird der Schlußton der Vorlage mit einem 4-Schritt von unten oder einem 5-Schritt von oben erreicht, so hat die 2. Stimme ihren Schlußton mit einem 1\²- oder 2-Schritt zu gewinnen.

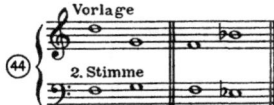

Umgekehrt darf die 2. Stimme die in der Regel 15e gestatteten vorletzten Töne nur dann bringen, wenn in der Vorlage zwischen vorletztem und letztem Ton ein 1\2- oder 2-Schritt liegt.

Wir beginnen zuerst mit Aufgaben, in denen die 2. Stimme *über* der Melodievorlage liegt, später folgt das umgekehrte Verfahren.

REGEL 21

Vorsicht ist geraten bei Akkordgruppen, die sich aus der Zerlegung eines Dreiklanges oder eines Tritonusakkordes in die vier Töne zweier aufeinanderfolgender Zusammenklänge ergeben.

Nach unseren Erfahrungen beim Setzen einstimmiger Melodien wissen wir nun schon, daß ein solches Gebilde den Gesamtverlauf hemmen würde. Ganz vermeiden kann man es nicht. Es kommt vor, daß die Akkordzerlegung die einzige gute Möglichkeit ist, einen Satz durchzuführen. In solchem Notfalle darf zur Vermeidung größerer **Übel die Brechung eines Dur- oder Molldreiklangs angewendet werden**; die Brechung von Tritonusakkorden sollte aber vermieden werden, falls nicht infolge eines sehr weiten Stimmenabstandes der Tritonus in seiner Wirkung soweit abgeschwächt erscheint, daß die Akkordgruppe kaum noch wahrgenommen wird.

Zerlegte übermäßige Dreiklänge werden gänzlich ausgeschaltet. Akkordzerlegungen sind für die beiden Schlußintervalle ohne Ausnahme zu vermeiden, da das Schlußintervall auf jeden Fall durch eine Fortschreitung erreicht werden muß, nicht aber als Teil einer ruhenden Akkordgruppe auftreten soll.

Wie mit den Akkordzerlegungen verhält es sich auch mit einzelnen Intervallen, die in beiden Stimmen ausgewechselt erscheinen.

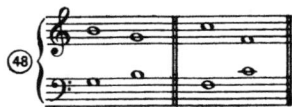

Auch solche Auswechslungen sollen nur angewendet werden, wenn keine bessere Lösung zu finden ist.

REGEL 22
Beide Stimmen dürfen nicht zu gleicher Zeit in gleicher Richtung springen, ausgenommen in einer der vorerwähnten Akkordzerlegungen.

REGEL 23
Querstände sind zu meiden.

Sie sind nichts anderes als eine oktavversetzte chromatische Führung und fallen deshalb völlig unter das Chromatikverbot, wie wir es aus der ersten Übung kennen (Regel 13), auch inbezug auf zwischengeschobene, die chromatische bzw. Querstandswirkung aufhaltende Töne.

REGEL 24
Genaue Parallelen von ① + ①, ⑧ + ⑧, ⑤ + ⑤ und ④ + ④ sind verboten.

Die Folgen ① + ① und ⑧ + ⑧ heben die Zweistimmigkeit gänzlich auf; ⑤ + ⑤ und ④ + ④ sind Stimmkopplungen, die wohl harmonischen Wert haben, im übrigen aber nur Verdickungen und Färbungen einer einzigen Melodielinie darstellen. Die Folgen ① + ⑧ und ⑧ + ① sind als verkappte Einklangparallelen stets verboten.

REGEL 25

Die Parallelen ⑧ + ⑧ und ⑤⑧ + ⑤⑧ sind dann erlaubt, wenn beide Stimmen nur einen 1\2-Schritt machen;

hierdurch können sich keine Störungen des Satzes ergeben, wenn nicht andere Fehler gemacht werden. Verboten sind die Parallelen von ③ + ③ und ⑤⑥ + ⑤⑥ jedoch in allen anderen Fällen. Sie erzielen nämlich

a) akkordische Zusammenballungen durch den in ihnen eingeschlossenen unüberhörbaren Tritonusakkord, dem allerdings ein hinzugefügter Ton einen Teil seiner Eigenart nimmt.

b) Querstände (außerdem widerspricht der gemeinsame Sprung der Regel 22).

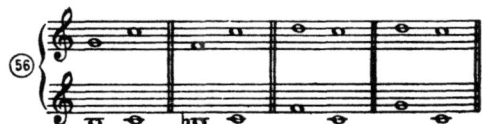

Die Parallelfolgen ②③ + ②③ und ⑥ + ⑥ sind, sofern sie nicht den schon aufgestellten Regeln zuwiderhandeln, einwandfrei und daher gestattet.

REGEL 26
Außer den offenliegenden ① + ①- und ⑧ + ⑧-Parallelen sind die sogenannten verdeckten Oktaven (und Einklänge) verboten. Sie entstehen, wenn beide Stimmen aus einem beliebigen Intervall in gleicher Richtung in die ⑧ oder ① fortschreiten.

Diese Fortschreitungen erwecken den Eindruck hastigen Hinstürzens auf ein Ziel und stören deshalb den ruhigen Lauf des Satzes. Als Schlußklausel sind die gleichgerichteten Fortschreitungen in den

Abschlußklang der ⑧ oder ① unbedenklich gestattet, da sie dem formalen Hindrängen zum Abschluß eine wirksame harmonische Unterstützung sind. Aber selbst in solchen Fällen sind Schritte aus einem kleineren Intervall als die ⑧ in den Schlußklang der ⑧, wenn sie von unten nach oben gehen, von undeutlicher Wirkung und deshalb zu vermeiden.

REGEL 27
Das gleichgerichtete Schreiten in eine ⑤ oder ④ (verdeckte Quinte oder Quarte) ist verboten, wenn der Schritt aus einem Zusammenklang erfolgt, der kleiner ist als der Zielklang. (Steht statt der ⑤ oder ④ eine ⑪ oder ⑫, so gilt diese Vorschrift für die entsprechenden oktavversetzten Intervalle.)

Diese Regel bezieht sich jedoch nur auf Fortschreitungen von unten nach oben; bei Schritten von oben nach unten sind verdeckte Quinten und Quarten unbedenklich.

REGEL 28
Der Höhepunkt und der tiefste Ton der einen Stimme soll nach Möglichkeit nicht an der gleichen Stelle stehen wie derjenige der anderen, damit nicht das beiderseitige Streben nach diesen hervorstechenden Punkten den eigenständigen melodischen Verlauf der Stimmen störe.

AUFGABE 9
Sieh nach, ob die in den Beispielen der Aufgabe 8 zugefügten Töne diesen Regeln entsprechen und verbessere, falls nötig.

Legen wir die 2. Stimme *unter* die Melodievorlage statt wie bisher
darüber, so bekommt sie eine etwas gewandelte Bedeutung und
unter Umständen auch ein gelinde verändertes Aussehen (siehe
Regel 15e und 15f). Sie muß ja jetzt als Unterstimme das Gebäude
tragen und rückt so aus der Stellung einer mehr schmückenden und
ergänzenden Beigabe in die eines Bauteiles auf, von dessen Standfestigkeit und guter Durchbildung der Aufbau des ganzen Gebäudes
abhängt. Die Vorlage hingegen verliert ein wenig von ihrer ursprünglichen Wichtigkeit. Unsere Vorschriften sind zwar so angelegt,
daß sie beiden Stimmen fast das gleiche Bewegungsmaß und dieselbe
Selbständigkeit zuteilen (ein Zustand, der in drei- und mehrstimmigen Sätzen nicht aufrechterhalten werden kann); der aus dem unter-
schiedlichen Gewicht hoher und tiefer Töne sich ergebende Unterschied in der Klangwirkung von Ober- und Unterstimmen macht sich
aber trotzdem schon in unseren allereinfachsten zweistimmigen
Sätzchen deutlich bemerkbar.

AUFGABE 10

Suche zu dem jeweiligen Anfangston der folgenden drei Vor-
lage-Bruchstücke sämtliche Töne, die von einer 2. Stimme
dazugesetzt werden können.

Diese 2. Stimme soll als Oberstimme und als Unterstimme behandelt werden. Hiernach setze zu den drei folgenden Tönen
der Vorlage jedes Bruchstückes die 2. Stimme jeder einzelnen
Fassung fort (hierbei vermindern sich durch die Stimmführung
der Vorlage die ursprünglichen, mit dem Anfangston verbundenen Möglichkeiten erheblich).

AUFGABE 11
Ergänze in den folgenden Beispielen 60a—f die fehlenden Töne der 2. Stimme.

AUFGABE 12

Schreibe zu diesen Vorlagen eine 2. Stimme, zunächst unten liegend. Dann transponiere die Vorlagen in eine geeignete Lage und erfinde eine obenliegende 2. Stimme dazu.

AUFGABE 13
Nimm die Ergebnisse der Aufgabe 6 aus der ersten Übung, soweit sie für einwandfrei befunden worden sind, und versieh sie mit Ober- und Unterstimmen.

Hier wird sich zeigen, daß sich nur diejenigen Melodievorlagen willig unserer zweistimmigen Behandlung unterwerfen, die den von Regeln und Verboten umzogenen Raum zwar ausnutzen, ihn aber nicht bis in seine letzten Schlupfwinkel durchstreifen. Insbesondere dürften die in den Regeln 12 und 13 der ersten Übung bedingt erlaubten, auf längere Strecken noch wirksamen übermäßigen, verminderten oder chromatischen Führungen der Vorlage die 2. Stimme oft in die Enge treiben, manchmal sogar eine zweistimmige Bearbeitung nach unseren Vorschriften unmöglich machen. Es gibt eben in diesen wie in sonstigen Rechenaufgaben Lösungen, die nicht aufgehen, und an ihnen lernt der Schüler mindestens so viel wie an den ohne Rest sich aufteilenden. Vor allem wird er begreifen, wie das Zusammengehen mehrerer Stimmen auf den Bau der Melodie rückwirken muß und in welchem Maße die einzelne Linie eines mehrstimmigen Geflechtes sich ihren Gefährten anzupassen hat.

C
Musterbeispiele

In den folgenden Beispielen wird gezeigt, wie eine der Melodien aus den Mustern der ersten Übung auf mannigfaltige Weise zweistimmig gesetzt werden kann. Zuerst dient die Vorlage als Oberstimme, dann trägt sie als Unterstimme das Klanggerüst.

BEISPIEL 1

Die angemerkte Akkordzerlegung könnte vermieden werden, wenn das d^1 an die Stelle des b träte. Wie bekämen dann viermal diesen Ton im Gesamtverlauf der Unterstimme, während sonst das b dreimal aufträte. So oder so ist die Unterstimme öde. Der Anfang mit der Unterterz verhindert hier eine schönere Entwicklung. Mit der großen Unterterz können wir nicht beginnen, weil sie zur dritten Melodienote quersteht.

BEISPIEL 2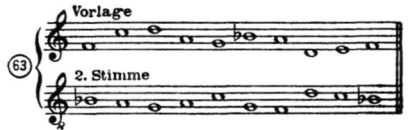

Diese Lösung ist besser, wenngleich auch sie nicht restlos überzeugt. Die beiden Stimmen führen ein etwas gequältes Zusammenleben.

BEISPIEL 3

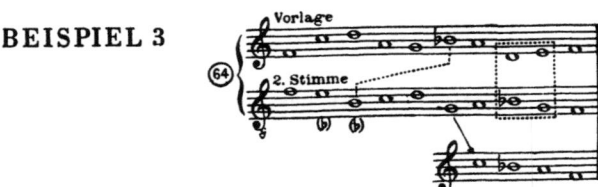

Der Querstand h—b^1 stört nicht, die beiden dazwischenliegenden Klänge lassen ihn nur schwach bemerkbar werden. Soll er trotzdem vermieden werden, so ist er durch Vertiefung des e^1 und des h leicht zu beseitigen. Wenn der angemerkte zerlegte vierstimmige Akkord ausgemerzt wird, ergibt die Einfügung der entsprechenden Stelle aus Beispiel 62 eine ungleich rundere und abwechslungsreichere Lösung.

BEISPIEL 4

Die Oberstimme fügt sich so leicht zur Vorlage, daß sie garnicht wie eine Zutat wirkt. Man hat vielmehr den Eindruck, als seien beide Stimmen zugleich erfunden worden. Dieses erstrebenswerte Ziel läßt sich bei unseren strengen Arbeitsbedingungen leider nicht immer erreichen; aber es kommt bei diesen Aufgaben ja weniger auf die Schönheit des Ergebnisses an (obwohl sie uns hochwillkommen ist) als auf die Folgerichtigkeit des Denkens und die Bezwingung des Materials.

BEISPIEL 5

Der zweimalige Abstieg vom c^2 lähmt den freien Lauf der Oberstimme: a^1 am Anfang wäre besser.

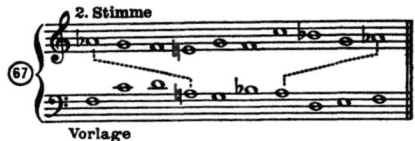

Auch in dieser Form ist das Beispiel denkbar. Die zwei Querstände lassen die Harmonie zwar ins Schwanken geraten, die Grenze der Verständlichkeit bleibt trotzdem gewahrt.

BEISPIEL 6

Die von einem anderen Intervall (⑤) unterbrochene ⑧-Parallele ($g\ g^1 - a\ a^1$) stört nicht, da wir ja ein sehr breites Zeitmaß annehmen. Immerhin kann sie vermieden werden, wenn man die vier Schlußtöne des Beispiels 66 einsetzt. Die Oberstimme erhält dadurch einen schöneren Aufschwung, außerdem entfällt die angemerkte Akkordzerlegung.

AUFGABE 14

Nach all den gemachten Erfahrungen erfinde nun nochmals (als Probe aufs Exempel) einige Melodievorlagen und füge ihnen Ober- und Unterstimmen bei.

Gesamtaufzählung aller hierbei für das Zusammengehen der zwei Stimmen wichtigen Vorschriften:

Regel 16: keine Stimmkreuzungen;

Regel 17: Abstand je nach den besetzten Singstimmen;

Regel 18: Anfangs- und Schlußklang haben Grundton unten;

Regel 19: Vorsicht bei Zusammenklängen mit obenliegendem Grundton;

Regel 20: beim Abschluß: 4-Schritt von unten und 5-Schritt von oben in der Vorlage verlangt 1\²- oder 2-Schritt in der 2. Stimme;

Regel 21: keine Zerlegungen von Tritonusakkorden und übermäßigen Dreiklängen; keine Intervallauswechslungen;

Regel 22: keine gleichzeitigen gleichgerichteten Sprünge;

Regel 23: keine Querstände;

Regel 24: keine ①-, ⑧-, ⑤- oder ④-Parallelen;

Regel 25: ③- und ⑤⑥-Parallellen nur bei 1\²-Schritten;

Regel 26: keine verdeckten ①- und ⑧-Fortschreitungen;

Regel 27: keine verdeckten ⑤- und ④-Fortschreitungen aus kleinerem Intervall in aufsteigender Richtung;

Regel 28: keine gemeinsamen Höhen- und Tiefenpunkte.

DRITTE ÜBUNG
Erweiterte Melodik

Nunmehr wenden wir unsere Aufmerksamkeit wieder melodischen Geschehnissen zu. Den festen Bestand der in der vorangehenden Übung erarbeiteten zweistimmigen Sätze, deren Linienzüge durch die zwischen ihnen sich bildenden Harmonien zusammengebunden sind, nehmen wir als Grundlage für die folgenden Arbeiten. Wir durchsetzen die zweistimmigen Sätze Note gegen Note mit melodischem Leben, indem wir die den Vorlagen hinzugefügten Stimmen in Rhythmen auflösen und in ein Taktschema einfügen. Obwohl wir auch hier an strenge Vorschriften gebunden sind, haben wir doch jetzt das fast ausschließlich konstruktive Tönesetzen der ersten beiden Übungen überwunden und können der Phantasie wenigstens so viel Freiheit lassen, daß Gebilde entstehen, die trotz ihrer geringen Mittel schon als genießbare und manchmal sogar praktisch verwertbare Musik anzusprechen sind.

A
Arbeitsmaterial

1. Zweistimmige Sätze, wie sie als Ergebnis der zweiten Übung vorliegen oder nach den bekannten Vorschriften neu geschrieben werden.

2. Die ganzen Noten von unbestimmtem Zeitwert genügen uns jetzt nicht mehr. Unsere neuen Melodien sollen nicht nur wie die anfänglichen Melodievorlagen gemessen und ausdruckslos von der

Stelle rücken, sie werden vielmehr innerhalb der noch eng gesteckten Grenzen sich als ausdrucksvolle Musikstückchen lebendig und frei bewegen. Um ihnen diese bewegliche Gestalt zu geben, stehen uns alle Notenwerte zur Verfügung. Auf diesem großen Felde rhythmischer Freiheit wird der Schüler, wenn er sich die Arbeit nicht unnötig erschweren will, doch leichter begehbare Wege einzuhalten trachten. Die Zusammenstellung der äußersten Längen und Kürzen, das Gegenspiel zweiteiliger und dreiteiliger Notenwerte (♩♩♩ ♩♩♩ ♩ gegen ♩ ♩ ♩ ♩ u. ä.) wird ihm für die Erkenntnis melodischer Abläufe nur wenig Vorteil bringen, er bediene sich daher einfacher und sinnfälliger rhythmischer Gruppen.

3. Die rhythmisierten Tongruppen weisen durch die verschiedene Länge ihrer einzelnen Töne diesen auch verschiedene agogische Werte zu: Wir empfinden den Wechsel zwischen betonten und unbetonten Tönen; aus der bloßen rhythmischen Zeitabgrenzung ist der wertteilende Taktrhythmus geworden. Das Zeichen, welches uns über die Stellung der betonten Haupttöne unterrichtet, ist der Taktstrich. Setzen wir Taktstriche, so erhalten wir auch bestimmte Taktarten. Wir können für unsere Arbeiten sämtliche gebräuchlichen Taktvorzeichen ($^4/_4$, $^3/_4$, $^2/_4$, $^6/_8$ ...) benutzen. Aber auch hier wird der Schüler bald einsehen, daß er mit der Bevorzugung der einfachen zwei- oder dreiteiligen Taktarten mehr erreicht, als wenn er sich mit den zwar „interessanten", aber viel Mühe und Arbeitszeit erfordernden zusammengesetzten ($^5/_4$, $^7/_8$ ...) oder untergeteilten ($^8/_2$, $^{15}/_8$ ...) quält. Dasselbe gilt für den Taktwechsel: Er kann verwendet werden; was jedoch in unseren Aufgaben zu sagen ist, läßt sich fast immer ebenso gut oder besser ohne ihn ausdrücken.

4. Notenwerte und Takteinteilung haben zur Folge, daß wir uns auch über das Zeitmaß unserer kleinen Kompositionen schlüssig werden müssen. Wir werden von vornherein unsere Melodien in einem bestimmten Charakter erfinden und durch Überschriften festlegen, ob sie langsam, schnell oder mittelschnell genommen werden sollen. In den vorangehenden Satzübungen konnte das Zeitmaß keinerlei differenzierenden Einfluß ausüben; wir hatten durch die Verbote von Tonzusammenschlüssen und von sprunghaften Melodieanlagen und durch den Befehl langen, gleichmäßigen Aushaltens

aller Töne jeden verzögernden oder beschleunigenden Trieb bewußt unterbunden. In Zukunft werden wir aber mit Tonfolgen zu rechnen haben, die mit dem Zeitmaß ihre Bedeutung ändern. Ein langsames Zeitmaß läßt dem Ohre Zeit, jede Satzeinzelheit aufzunehmen und zu verstehen, wohingegen ein schnelleres Tempo oft nicht gestattet, die feinere Gliederung wahrzunehmen; es findet eine summarische Beurteilung statt, die mitunter recht erheblich von der erstgenannten abweicht.

5. Die zweistimmigen Zusammenklänge, wie sie zu Beginn der zweiten Übung beschrieben sind, wären für unsere sich allmählich verfeinernde Technik nur ein grobes harmonisches Arbeitsgut, wenn sie außer der früher besprochenen Umkehrbarkeit ihrer beiden Bestandteile und der Grundtonfunktion des einen ihrer Töne keine bemerkenswerten Eigenheiten besäßen. Wir haben noch garnicht der Eigenschaft gedacht, die es uns erst ermöglicht, die Intervalle so gegeneinander auszuspielen, daß ein auf Gewicht und Entlastung, auf Hin- und Widerschlag, auf Spannung und Lösung beruhendes harmonisches Treiben entstehe. Es ist ihre *Wertordnung*, die ihnen die vielseitigste Verwendungsmöglichkeit sichert.

Von den innerhalb des Oktavraumes möglichen Zusammenklängen sind ① und ⑧ diejenigen, welche im Werte so nahe dem Einzeltone stehen, daß sie von ihm kaum zu unterscheiden sind; sie stehen über und außerhalb der Reihe verschiedentöniger Intervalle, die mit der ⑤ beginnt. Hinter diesem Intervall gruppieren sich in absteigendem Werte als eine geschlossene Gruppe wertvollster Zusammenklänge die restlichen fünf Klänge, die uns als Intervallmaterial in der zweiten Übung zum Gebrauche überlassen wurden: ④, ③, ⑤⑥, ②③ und ⑥. Diese sechs Intervalle von der ⑤ bis zur ⑥ treten fortan unter dem Sammelnamen „Gruppe A" auf.

Als Gruppe B folgt eine Intervallwertreihe, die wir bisher nicht verwenden konnten, deren Ordnung wir uns jedoch für die künftige

Arbeit nun merken wollen: ②, ⑥⁷, ①², und ⑦. Am äußersten rechten Ende der Reihe, ebenso abgesondert wie auf der linken Seite die ① und ⑧, steht das Intervall, welches besondere Eigenschaften besitzt, die wir im Verlaufe unserer späteren Übungen noch genau kennen lernen werden: der Tritonus ④⁵, die verminderte Quinte oder übermäßige Quarte. Der glatte Ablauf dieser Reihe absteigender Werte wird allerdings ein wenig getrübt durch eine Tatsache, die wir schon kennen: den Wertunterschied, der zwischen den Intervallen mit untenliegendem Grundton und ihren Umkehrungen besteht. Er verursacht, daß die Wertminderung zwischen ⑤ und ④ etwas stärker ist, als man erwarten sollte: Die ⑤, ein starkes Intervall mit untenliegendem Grundton, tritt in voller Kraft auf, die ④ verliert durch ihren obenliegenden Grundton ein wenig von ihrer zu erwartenden Eindringlichkeit. Die ③ steht wieder ungeschwächt auf ihrem Posten, der ihr nachfolgende Zusammenklang ⑤⁶ reicht ebenso wie die ④ nicht an das zu erwartende Höchstmaß von Kraft heran. Denken wir uns den Wertabfall der Zusammenklänge von der ⑤ bis zur ⑦ als eine von ihrem höchsten Punkte gleichmäßig absteigende Linie dargestellt, so werden wir ⑤, ③, ②³, ⑥⁷ und ⑦ auf den Punkten finden, die ihnen zustehen. Die übrigen Zusammenklänge ④, ⑤⁶, ⑥, ② und ①² stehen hingegen ein wenig unter den ihnen zukommenden Plätzen.

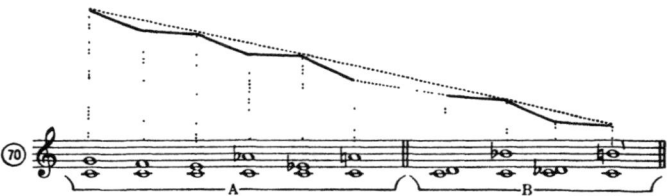

Die absteigende Linie bleibt somit zwar bestehen, sie verläuft aber geknickt: Der Abfall von einem „guten" Zusammenklang zu einem der umgekehrten Intervalle ist so groß, daß der nächste Schritt fast wagerecht verläuft; d. h. daß jeweils eines der Umkehrungsintervalle nur ganz wenig höher im Werte steht als das nachfolgende starke mit untenliegendem Grundton.

Als trockener Bericht ohne praktische Anwendung sieht das alles ein wenig spitzfindig und spielerisch aus. Es wird sich aber bald zeigen, welchen Einfluß diese Feststellungen auf die Satzweise haben.

B
Arbeitsvorgang

Wir wollen unsere Beispiele, deren beide Stimmen bis jetzt in fast sternenhafter Unpersönlichkeit regelhaft, unbeirrt und gefühllos umeinander kreisen, in den Bezirk unserer alltäglichen Begriffe von musikalischem Geschehen hineinziehen, indem wir wenigstens die eine von beiden Stimmen (die hinzugefügte) in stärkerem Maße melodisch bewegen. Dafür haben wir im Bereiche der einstweilen erlaubten Zusammenklänge ein einfaches und wirksames Mittel zur Hand. Wir brauchen nur zu einem Tone der Melodievorlage in die zweite Stimme zwei oder mehr Gegentöne zu setzen statt uns wie in den vorangehenden Aufgaben auf einen einzigen zu beschränken. Diese vermehrten Töne gehorchen denselben Regeln wie der Einzelton, insbesondere was ihr harmonisches Verhältnis zur Melodievorlage angeht: Sie sollen mit dieser zusammen stets nur Intervalle der Gruppe A ergeben, gleichgültig ob die Verbindung von einem zum anderen Tone der 2. Stimme stufenweise oder sprungmäßig vorgenommen wird. Für die sprungweise Fortschreitung ergibt sich damit eine wichtige Regel:

REGEL 29
Sprünge dürfen nur von solchen Tönen ausgehen oder solche zum Ziele haben, welche der anderen Stimme als Ergänzung zu einem Intervall der Gruppe A dienen (vergleiche auch Regel 22!).

Noch eine weitere Regel ist wichtig, weil sie ein Überhandnehmen der Unruhe, die sich mit der vermehrten Bewegung leicht in die Sätze einschleicht, verhindert:

REGEL 30

Bei bewegten Melodien ist darauf zu achten, daß sich in ihnen auf kurze Strecken keine deutlich bemerkbaren Septimen- oder Nonenabstände bilden;

diese sind, auch wenn sie durch Zwischentöne ausgefüllt sind, für die anspruchslosen Tonreihen eine zu große Anspannung (vergl. Regel 15b). Ausnahmen von dieser Regel sind dann gestattet, wenn die Septimen- und Nonenabstände deutlich als Sexten- oder Oktavräume empfunden werden, deren Eintritt durch danebenliegende, hindernde Töne absichtlich undeutlich gemacht wird.

Den Zeitwert der in der zweiten Stimme hinzugefügten Töne können wir beliebig wählen, doch wollen wir, um die Aufgaben nicht mit Tönen zu überladen, uns mit drei bis fünf Tönen in jedem Takt begnügen. Jeder Ton der Melodievorlage füllt einen ganzen Takt aus, die Melodienoten werden in den entsprechenden ganzen Werten notiert (𝅝 · | 𝅗𝅥 𝅗𝅥 · | 𝅗𝅥 · 𝅘𝅥 | 𝅘𝅥 · 𝅘𝅥) und durch Taktstriche voneinander getrennt. In der 2. Stimme soll der ursprüngliche Hauptton jedes Taktes immer genau zu erkennen sein. Er bildet auch den Hauptton des rhythmisch und melodisch bereicherten Taktes, und zwar wird er in dieser Eigenschaft als erster Ton des Taktes oder als derjenige des größten Zeitwertes auftreten. Es kann allerdings vorkommen, daß im Schwunge des melodischen Laufes der ursprüngliche Hauptton von einem höherliegenden oder sonstwie durch Wert oder Stellung ausgezeichneten Tone übertroffen wird. Diese Fälle seien zugelassen, wenn der Satz im übrigen allen Vorschriften entspricht.

AUFGABE 15
Nimm einige der zweistimmigen Sätze aus der zweiten Übung und löse ihre 2. Stimme in der nachstehend angegebenen Weise in lebhafter bewegte Melodien auf.

Der Hauptbestandteil solcher Melodien ist der gebrochene Dreiklang. Er bringt einen starken Aufschwung in die steifen Melodielinien, bindet aber auch die eilig laufenden Tongruppen kleinen Notenwertes zu harmonischen Abschnitten zusammen. Das eigentliche Merkmal melodischen Linienverlaufes, der Sekundschritt, kommt gegen die beherrschende Macht des zerlegten Dreiklangs nur mäßig zur Geltung. Sollen unsere rhythmisch belebten Melodien außer dem schönen, aber trügerischen Scheinleben harmonischer Akkordwellen auch noch die kräftigen Züge melodischen Fortschreitens aufweisen, so müssen wir zu wirksameren Mitteln greifen.

Den Sekundschritt als Melodiebestandteil kennen wir bereits, er war schon in unseren allerersten Aufgaben ein Hauptbaustein. Allerdings war dort durch zahlreiche Vorschriften der Stimmenverlauf derart geregelt, daß Sekundschritte weder eine Störung der Einzellinie noch des zweistimmigen Zusammengehens hervorrufen konnten. In den Aufgaben mit lebhafter bewegter 2. Stimme, wie wir sie jetzt herstellen, ergeben die aus kleineren Notenwerten bestehenden Sekundschritte häufig die Zusammenklänge, welche wir noch nicht verwendet haben, nämlich die Intervalle der Gruppe B (②, ⑧⑦, ⑫, ⑦) und den Tritonus (④⑤). Ihre Einführung muß mit einiger Vorsicht geschehen; wir wollen uns daher diesen härteren, schwerer zu behandelnden Klängen auf einem kleinen Umwege über melodische Erscheinungen nähern.

Es gibt eine Anzahl melodischer Formeln, die in den Melodien aller Zeiten und Stile vorkommen. Sie entstehen durch eine erste primitive Bearbeitung des Rohmaterials für den Melodienbau, des im Fortschreiten von Ton zu Ton gespannten Intervalls. Wie es in den Sprachen häufig vorkommende Lautzusammenstellungen gibt, die ständig in unzählbare Möglichkeiten miteinander gemischt werden und so Worte und Sätze bilden, so erscheinen in den Melodien die erwähnten Formeln in ewig wechselndem Gegenspiel. Die Melodien werden nicht ausschließlich mit ihnen erstellt, — es sind noch andere Kräfte am Werk, die teils in dienender, teils in herrschender Stellung die Linienzüge miterbauen — in ihnen als dem kleinsten *geformten* melodischen Baustein läßt sich jedoch am klarsten erkennen, wie die melodische Kraft arbeitet. Vor allem läßt sich an ihnen Schritt für Schritt studieren, wie die Melodik in das feste Gefüge harmonischer Massen eindringt und sie in Bewegung versetzt. Harmonische Masse, das heißt in unserem engen Bezirke: die sechs Zusammenklangintervalle . Stören wir diese Zusammenklänge mit fremden Tönen, die wir ihnen entgegenstellen, in sie hineinkeilen, durch sie hindurchtreiben, so erleben wir die ersten unscheinbaren Versuche der Melodik, sich zur führenden Macht zu erheben.

Die einfachste der erwähnten „Störungen" haben wir in etwas anderer Bedeutung schon kennen gelernt. In der ersten Übung sahen wir ein Gebilde, das aus Ton—Wechselton—Ton bestand.

Allerdings schwebte es da sozusagen in der Luft; weil wir in unseren einfachsten einstimmigen Melodievorlagen ja keine harmonischen Beziehungen einrechneten, fehlte dem zweiten Tone einer solchen Gruppe derjenige Widerstand, an dem er sich erst zu seiner wahren Bedeutung entzünden konnte. Wir pflanzen nun die Gruppe Ton—Wechselton—Ton unseren Hauptzusammenklangintervallen ein, wobei zunächst der Wechselton sich nicht weiter als eine 1\2 oder 2 von seinem Ausgangstone entfernen soll.

Wir sehen dann, daß bei den meisten Beispielen der Wechselton als eine Wertverschlechterung des Ausgangsklanges erscheint, indem er mit dem liegenbleibenden Ton ein Intervall aus der Gruppe B, manchmal auch den Tritonus bildet. Oder er gehört zwar zur gleichen Gruppe A wie der Ausgangsklang, steht aber dann in der Wertleiter dieser Intervalle tiefer. Eine Ausnahme machen nur sieben Wechseltöne, von denen wir die letzten beiden jetzt noch nicht anwenden.

Bei diesen sieben besteht die Gefahr, daß der Wechselton mit seinem wertvolleren Zusammenklangintervall zur Hauptsache wird und den Rest der Gruppe unter seine Botmäßigkeit zwingt. Dem läßt sich vorbeugen, wenn wir ihm einen geringeren Zeitwert oder einen schlechteren Platz im Takte zubilligen als seinen Nachbarn. Die Verteilung der Notenwerte ist nicht nur bei solchen „uneigentlichen" Wechseltönen von Bedeutung. Geben wir nämlich einem „richtigen" Wechselton den Hauptzeitwert oder stellen wir ihn an die betonten Stellen des Taktes, so verliert auch er seinen Charakter, wird selbst Hauptton und unterdrückt seine Umgebung.

Das wollen wir zunächst noch vermeiden. Deshalb gilt für uns die Regel:

REGEL 31

Der sekundmäßige Wechselton hat höchstens denselben oder kleineren Wert wie sein Ausgangston und steht auf schlechterem Taktteil (auf Synkopierungen, bei denen sich die Verhältnisse umdrehen, verzichten wir einstweilen noch). Wir bezeichnen in unseren Aufgaben den Wechselton mit W.

Außer dem sekundmäßigen Wechselton gibt es noch eine zweite Art; der Wechselton ergänzt hier die beiden ursprünglichen Töne zu einem dreistimmigen Akkord, einem Dreiklang oder einem mit drei Stimmen schon verständlichen Tritonusakkord.

(auch die nachstehenden sekundmäßigen Wechseltöne gehören hierzu).

Die Störungswirkung solcher akkordischen Wechseltöne im oben angedeuteten Sinne ist nur sehr gering. Sie sind eigentlich gar keine Wechseltöne, sondern gehören — abgesehen von den beiden im Beispiel 79 angeführten — in das Gebiet der Melodiebildung mittels Zusammenklängen der Gruppe A, das wir mit der Aufgabe 15 bearbeitet haben. Immerhin vereinfacht der Begriff „akkordischer Wechselton" in einer Unzahl von Fällen die Feststellung des harmonischen Wertes von Klangvorgängen. Wir wollen ihn darum gelten lassen, obwohl wir beim Auftreten eines solchen Tones immer vor der Frage stehen werden, ob wir seine harmonische Selbständigkeit anerkennen oder ob wir ihn als Wechselton betrachten wollen. Will man auf Kosten seines übergroßen Harmoniegehaltes seine melodische Bedeutung, also seinen Wechseltoncharakter stärken, so ist geringer Notenwert und die Stellung auf schlechter Taktzeit noch dringender erforderlich als beim sekundmäßigen Wechselton.

Eine dritte Art des Wechseltones, bei dem durch Sprünge Akkorde gebildet werden, die über die Grenze der Brechungen von Dreiklängen oder einfachen Tritonusakkorden hinausgehen, wird später unter einem anderen Namen erscheinen.

Füge in jeden Ton der 2. Stimme dieses Beispiels sekundmäßige oder akkordische Wechseltöne ein und bezeichne sie.

Zur Darstellung des Wechseltons, der primitivsten aller melodischen Erscheinungen, bedurfte es nur eines einzigen guten Zusammenklanges, dem er als vorübergehende Trübung eingefügt wurde. Dasselbe ist bei der einfachsten Art einer anderen melodischen Kleinform der Fall. Beginnen wir nochmals genau so wie beim Wechselton, führen aber die Stimme nach dem Auftreten des fremden Tones nicht in den Ausgangston zurück, sondern in den nächsten guten Zusammenklangston stufenweise weiter, so haben wir die einfachste Form des *Durchgangs*. Er kann, wenn der Zielton mehr als eine 2\3 oder 3 vom Ausgangstone entfernt ist, auch zwei und mehr Töne enthalten.

Eine kompliziertere Art des Durchgangs entsteht beim Fortschreiten von einem Zusammenklang zu einem anderen.

Der vor dem Durchgang stehende Ton gehört dann zum ersten, sein Zielton zum zweiten Zusammenklang. Zwischen ihnen können je nach der Entfernung auch hier ein Ton oder mehrere liegen. Der Durchgang wird mit D bezeichnet. Für die Anwendung des Durchganges gelten folgende Anweisungen:

REGEL 32
Beim Durchgang sind chromatische Führungen erlaubt.

REGEL 33
Die Durchgänge besitzen den gleichen oder geringeren, selten größeren Intervallwert als der Ausgangs- oder der Zielklang.

REGEL 34

Bildet innerhalb einer Reihe von Durchgängen einer von ihnen mit der anderen Stimme eines der guten Zusammenklangintervalle aus der Gruppe A, so darf er nur geringen rhythmischen Wert haben, um seinen Durchgangscharakter nicht zu verlieren.

REGEL 35

In der Regel steht der D auf unbetonter Taktzeit. Die betonte Stelle oder den größten Zeitwert im Takte kann er nur dann einnehmen, wenn die Gegenstimme während seines Auftretens noch denselben Ton beibehält, den sie schon zum Tone vor dem D innehatte.

REGEL 36

Eine größere Anzahl von Durchgängen hintereinander erweckt leicht den Eindruck diatonischer oder chromatischer Tonleiterstücke. Wegen des geringen melodischen Gehaltes solcher Ausschnitte sind sie mit Vorsicht anzuwenden.

AUFGABE 17

Füge in die 2. Stimme des folgenden Beispiels möglichst viele Durchgänge ein.

Eine bewegte 2. Stimme, die sich mit zahlreichen Tönen und Rhythmen schon weit über die Linienzüge erhebt, welche uns in der zweiten Übung als 2. Stimme dienten, kann nicht mehr in die Grenzen, die wir dort zogen, eingespannt werden, wir müssen ihre größere Freiheit gönnen. Die Regeln für den Bau der 2. Stimme erfahren darum einige Zusätze und Abstriche, während diejenigen für die Melodievorlage selbstverständlich unverändert bestehen bleiben.

Aufgehoben werden:

   Regel 6: Tonwiederholungen dürfen vorkommen,

   Regel 8: Sequenzen sind erlaubt.

Erweitert werden:

   Regel 10: Zwei unmittelbar aufeinanderfolgende gleichgerichtete Sprünge können angewendet werden, wenn sie den Regeln 29 und 30 entsprechen.

   Regel 13: Chromatik kann in beschränktem Maße benutzt werden (vergl. Regel 32).

   Regel 15a: Akkordbrechungen aller Art sind erlaubt, wenn sie der Regel 29 entsprechen.

   Regel 15f: Vor dem Schlußton kann jeder beliebige Ton stehen, wenn er den Sprungregeln und den Vorschriften über die Zusammenklänge entspricht.

Neu hinzukommt:

REGEL 37

Eine leichtverständliche melodische Linie wird nur dann erzielt, wenn die Bewegung der 2. Stimme sich einer gewissen motivischen Ausgewogenheit befleißigt. Es ist also weder gut, in der sequenzhaften Dauerwiederholung eines einzigen rhythmischen Motivs das kaum geweckte Leben wieder zu ersticken,

noch es in der Vielfalt unübersichtlicher Motivhäufungen zu übersteigern.

Die lebhaftere Bewegung der 2. Stimme beeinflußt auch das Verhältnis der beiden Stimmen zueinander. Einige der strengen Maßregeln für den gemeinsamen Lauf und den Zusammenklang lassen sich nicht mehr aufrechterhalten, sie müssen fallen. Dafür treten einige neue Regeln in Kraft.

Ungültig sind von nun an:

Regel 21: Akkordbrechungen, die auf beide Stimmen verteilt sind, dürfen uneingeschränkt vorkommen. Vorsicht nach wie vor bei gebrochenen Tritonusakkorden! Der zerlegte übermäßige Dreiklang bleibt auch jetzt noch besser unbenutzt.

Regel 22: Gleichzeitige gleichgerichtete Sprünge in beiden Stimmen sind erlaubt, wenn sie nicht durch ihre Auffälligkeit den glatten Verlauf des Satzes stören.

Regel 23: Querstände können auftreten, wenn die querständige Note geringen rhythmischen Wert hat und an schlechter Taktstelle steht.

Regel 25: Die Parallelen ③ + ③ und ⑤\⑥ + ⑤\⑥ sind ohne Einschränkung erlaubt.

Regel 28: Höhe- und Tiefenpunkte können in beiden Stimmen gleichzeitig auftreten.

Bestehen bleiben also die Regeln 16—20 und 24. Man könnte glauben, daß es mittels der Durchgänge möglich sein müßte, die in der Regel 24 verbotenen Parallelen zu verdecken. Das Gegenteil ist der Fall. Die Durchgänge wie auch alle noch später zu besprechenden Melodieformeln wirken meistens derart, daß eine durch sie „verdeckte" Parallele sich stärker dem Bewußtsein aufdrängt als die unverdeckte, offene. Demnach sind also ⑧-, ⑤- und ④-Parallelen, die durch Zwischentöne geringen Wertes verdeckt sind, ebenso zu vermeiden wie offene.

Wollte man Parallelen so weit verdecken, daß sie nicht mehr als solche gehört werden, so müßte man den Durchgängen (und anderen Melodieformeln) so viel Raum und Zeitwert zugestehen, daß sie kaum noch als Durchgänge zur Geltung kämen.

Die Vorschrift 26 muß bei bewegten Stimmen besonders beachtet werden, da ein tönereicherer Satz weit empfindlicher gegen das gleichgerichtete Schreiten beider Stimmen in eine ⑧ oder ① ist als die Sätze Note gegen Note. Verdeckte Oktaven sind völlig zu meiden, ausgenommen bei dem Schritt zum Abschlußintervall.

Auch die Regel 27 ist bei lebhaft bewegten Stimmen sehr wichtig: Verdeckte ⑤ und ④ sind nur im Sinne dieser Regel erlaubt. Bei Durchgängen ergeben sich leicht folgende Formen, die durchaus als fehlerhaft anzusehen sind:

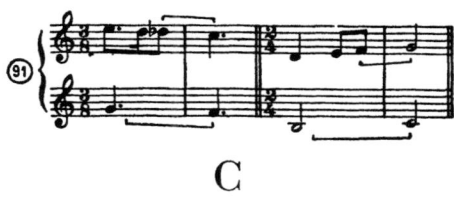

C
Musterbeispiele

BEISPIEL 1

Alle nicht mit W oder D bezeichneten Töne stehen zur Melodievorlage im Verhältnis eines Intervalls aus der Gruppe A. Im fünften Takt ist die ③ h^1 als W bezeichnet, obwohl sie in diesem günstigen Verhältnis zur Unterstimme steht; ihr kurzer Zeitwert, die Stellung auf schlechtem Taktteil und die Wertminderung der Zusammenklangfolge (erst ④, dann ③) lassen sie aber zweifellos als W erscheinen.

BEISPIEL 2

Dasselbe ist mit der ④ c¹ im zweiten Takt der Fall. Im vierten Takt wird sogar die wertvollere ⑤ h¹ durch Zeitwert und Stellung so weit unterdrückt, daß sie nur noch W-Funktion hat. Der D e¹ des siebenten Taktes befindet sich in derselben Lage. Das letzte d¹ dieses Taktes kann entweder als Akkordergänzung zu den beiden g—g¹ oder ebenfalls als D aufgefaßt werden.

BEISPIEL 3

Im 2. Takt kann die letzte Note a¹ als D oder als Bestandteil eines selbständigen Klanges gelten. Dasselbe gilt für den dritten Takt (fünftes Achtel a¹) und für den sechsten, wo das zweite Achtel a¹ W oder selbständig sein kann.

BEISPIEL 4

In der bewegten Unterstimme: erster Takt d^1 akkordische W, neunter Takt as chromatischer D. Der fünfte Takt der ausgeschmückten 2. Stimme ist gegenüber der ursprünglichen 2. Stimme um eine 8 versetzt; ein Kunstgriff, den man ohne Gefahr anwenden kann, um die Stimmführung der bewegteren Stimme geschmeidiger zu machen.

AUFGABE 18
Nimm einige der guten Lösungen zweistimmiger Sätze aus der zweiten Übung, teile sie in Takte ein, versieh ihre 2. Stimmen mit Wechseltönen und Durchgängen, erkläre und bezeichne sie.

Wenn der Schüler bei der Ausschmückung einer *untenliegenden* 2. Stimme solcher Aufgaben nicht schon größere Mühe hat als bei der gleichen Behandlung einer obenliegenden Ergänzungsstimme, so wird ihm doch in vielen Fällen ein gewisses inneres Widerstreben diese Form der Gegenüberstellung ruhiger und bewegter Stimmen als weniger natürlich erscheinen lassen als die umgekehrte Anordnung, bei der die ruhige Stimme unten und die bewegte darüber liegt. Das ist verständlich, denn da die Töne trotz ihrer scheinbaren Substanzlosigkeit doch nicht einerlei Gewicht haben — die tieferliegenden mit ihren längeren schwingenden Luftwellen sind, wie wir schon festgestellt haben, schwerwiegender als die an kürzere Wellenlängen gebundenen hohen — unterliegen sie auch den Baugesetzen der um vieles schwereren festen Gegenstände: Wir wollen in den Übereinanderschichtungen der Töne ebenso wie in denen des steinernen, hölzernen oder metallenen Baumaterials das Große, Gewichtige als Unterlage ausgebreitet wissen, auf dem sich der kleinere, leichtere Baustoff aufschichtet, sich nach oben stets weiter verkleinernd und verfeinernd. Eine sehr bewegte Baßstimme würde darum, selbst wenn sie ihre gröberen Töne dem Ohre in ebenso verständlicher Weise darbieten könnte wie eine Pickelflöte ihre leichtflüssigen, leichtvernehmbaren Tonreihen, der Natur des Tongewichtes und des Hörens entgegenhandeln. Nun liegen zwar unsere hier angewendeten Unterstimmen nie so tief, daß ihnen das Tonvolumen bei ihrer

Bewegung schon hinderlich wäre, immerhin können wir doch dem natürlichen Gefühl zu seinem Recht verhelfen, indem wir nach dem Grundsatze handeln: Je tiefer eine Unterstimme liegt, umso sparsamer werde sie bewegt. Das heißt also für uns, daß bei aller Bewegungsfreiheit die belebten Unterstimmen tunlichst etwas weniger Bewegung erhalten, als man unter gleichen Umständen einer Oberstimme zubilligen würde.

Das scheinbar gerüttelt volle Maß von Beschreibungen, Regeln und Verboten wird dem feinfühligen, auf die Töne und ihre Zusammenhänge hörenden Schüler bestätigen, was er dunkel ahnte und vielfach auch unbewußt richtig zu Papier gebracht hätte. Man wäre fast versucht zu sagen, daß alle Vorschriften überflüssig seien, wenn jeder Schüler nur das niederschreiben wollte, was er ohne Beihilfe eines Instrumentes mühelos und fehlerfrei singen kann: Es wird kaum anders aussehen, als unsere durch den umfangreichen Regelapparat gelenkten Versuche. Leider finden sich unter den heutigen Studierenden kaum solch unverdorbene Gemüter; fast alle sind entweder durch das häufige Hören komplizierter Musik, durch das Instrumentenspiel oder durch fortgeschrittenere Stimmausbildung auf einem Stande des Musikverständnisses angelangt, wo es ihnen leichter ist, Form und Inhalt anspruchsvoller Musikstücke zu erfassen als die strengen linearen und klanglichen Fortschreitungen in genau und zielsicher angelegten ein- und zweistimmigen Sätzen. Das natürliche Empfinden für die einfachsten Linien- und Klangbeziehungen muß durch Übungen wie die vorliegenden erst wieder in ihnen erweckt werden. Es ist deshalb unbedingt erforderlich (zum Überflusse sei es nochmals bemerkt), daß der Schüler sämtliche Übungen den eigenen stimmlichen Fähigkeiten anpaßt. Dann können weder die Melodien noch die Zusammenklänge komplizierter werden, als es der Höhe seines satztechnischen Könnens entspricht. Die Einrichtung ständigen Singens des Niedergeschriebenen läßt sich mühelos bis zum Ende der zweistimmigen Arbeit durchhalten. Die Übungen sind umso wirksamer, je weniger sie am Instrument angefertigt, je mehr sie ohne Instrument gesungen werden. Zumal das Klavier ist vor anderen Instrumenten die Quelle vieler Übel im Tonsatzunterricht.

AUFGABE 19

Stelle neue zweistimmige Sätze Note gegen Note her und löse ihre hinzugefügten Stimmen mittels **WW** und **DD** in freibewegte Melodien auf.

Wer sich nicht unnötige Arbeit aufbürden will, tut gut, bei der Abfassung der Aufgabe die ursprüngliche, unverzierte 2. Stimme streng nach den Regeln der zweiten Übung herzustellen und die Freiheiten, die im Verlaufe der dritten Übung einer zweiten Stimme zugestanden wurden, erst mit den belebteren Akkordtönen, den WW und DD, in Kraft treten zu lassen. Man könnte zwar auch von vornherein die 2. Stimme freier anlegen, würde aber dann bei der Ausschmückung vor Stellen stehen, die nur mit großer Mühe zu lösen sind oder zu deren Bewältigung noch sehr viel größere Satzfreiheiten gehören, die wir jetzt noch nicht beherrschen. Das Zurückgreifen auf die Regeln der zweiten Übung empfiehlt sich für alle Aufgaben, die ihren Ausgang von Sätzen Note gegen Note nehmen (bis zur neunten Übung einschließlich).

VIERTE ÜBUNG
Erweiterte Melodik. Fortsetzung

Nachdem wir erlebt haben, wie mit Wechseltönen und Durchgängen das melodische Element dem harmonischen sich zugesellt und sich mit ihm zu einem Gewebe bindet, lernen wir in der vierten Übung noch weitere Melodieformeln kennen, die auf andere als die bisher geübte Art das Geflecht gestalten helfen.

A
Arbeitsmaterial

Das für die dritte Übung bereitgestellte Arbeitsmaterial wird unverändert übernommen.

B
Arbeitsvorgang

Im vorstehenden Beispiel ist die mit einem V bezeichnete Note ein sogenannter *Vorhalt*. Mit dieser Benennung wird in Bezug auf unser Beispiel folgendes ausgedrückt:

a) Unmittelbar (A) vor einem betonten Taktteil erklingt eines der sechs guten Zusammenklangintervalle aus der Gruppe A. Es dient als ungespannte, die gleich nachfolgende Spannung sanft einleitende *Vorbereitung*.

b) Indem die Gegenstimme sich stufen- oder sprungweise fortbewegt, während der vorbereitete Ton in die nächste gute Taktzeit übergehalten wird (B), bilden die beiden Stimmen nunmehr ein im Zusammenklangwerte minder gutes Intervall aus der Gruppe B.

c) Die in einem solchen Intervall beschlossene Anspannung des Klanges verlangt nach einer „Auflösung", das heißt nach einer Rückführung in eines der „guten" Intervalle. Sie geschieht in unserem Beispiel durch einen 2- oder 1\²-Schritt abwärts der bis jetzt liegenden Stimme (C). Der nun neu eintretende Ton ist also *vorgehalten* worden. Das Gefühl einer Auflösung wird, allerdings in geringerem Maße, auch schon hervorgerufen, wenn nur Intervalle der Gruppe A verwendet werden, die Auflösung aber als ein relativ besseres Intervall dieser Gruppe auftritt als der Vorhalt.

Hierzu ist zu bemerken, daß allen Zusammenklängen der Gruppe B (②, ⑥\⑦, ①\②, ⑦) und dem Tritonus (④\⑤) das erwähnte Bedürfnis nach einer Auflösung innewohnt. Ihre kompliziertere Beschaffenheit (über die ich im theoretischen Teile dieses Buches berichtet habe) läßt sie leicht der Anziehungskraft erliegen, die von den einfachen, in sich selbst beruhenden Zusammenklängen der Intervallgruppe A ausgeht. Halten wir uns vor Augen, wie Harmonik und Melodik als gegensätzliche Kräfte einander beeinflussen, so ergibt sich ohne weiteres, daß alle Intervalle, da sie ja beiden Kräften zu dienen haben, von verschiedenem Nutzen sein müssen, je nachdem sie harmonische Zwecke erfüllen, das heißt als Zusammenklänge gebraucht werden, oder in zeitlicher Aufeinanderfolge ihrer beiden Töne vorwiegend melodisch tätig sind. Die, wie wir festgestellt haben, für die harmonische Arbeit wertvolleren zusammenklingenden Intervalle ⑤, ④, ③, ⑤\⑥, ②\③ und ⑥ müssen demnach, wenn sie in auseinandergelegter Form, als Tonschritt auftreten, für melodische Zwecke weniger gut geeignet sein als die Tonschritte aus der Gruppe B, die ihrerseits wieder als Zusammenklänge bei weitem nicht den Wert der Klänge aus der Gruppe A erreichen. Stellt man sich vor, wie die Sekundschritte (zerlegte Intervalle der Gruppe B) die Melodien vorwärts treiben, wie nach Septimen- (ebenfalls aus Gruppe B) oder Tritonussprüngen immer wieder Sekundschritte folgen müssen, wenn man nicht auffällige akkordische Bindungen erzielen will; wie ferner eine Melodie spannungslos bleibt, wenn sie sich nur der „guten" Intervallschritte aus der Gruppe A, mit anderen Worten: gebrochener Dreiklänge bedient (siehe Beispiel 73), so wird man diese Behauptung bestätigt finden. Gerade beim Vorhalt läßt sich das Wirken beider Kräfte und das Verhalten der zusammenklingenden wie der Ton für Ton aufeinanderfolgenden Intervalle studieren: Bei A im Beispiel 96 sehen wir einen ruhenden harmonischen Klang, der durch das Fortrücken der einen Stimme bis an die uns bis jetzt bekannten Grenzen *harmonischer* Spannung verändert wird (B). Diese starke Belastung des Klanges zwingt nun den noch ruhenden Klangteil, sich zu lösen, und das tut er, indem er statt der bisherigen vorwiegend harmonischen Funktion eine *melodische* übernimmt: Er geht einen Sekundschritt, ein auseinandergelegtes Intervall der Gruppe B, abwärts. Dies genüge vorerst zum Verständnis der harmonischen und melodischen Tätigkeit der Intervalle. Wir werden später noch mehr darüber erfahren.

REGEL 38

Der Vorhalt (bezeichnet V) steht in der Regel auf einem betonten Taktteil, immer aber auf einem wichtigeren Taktteil als seine Auflösung. Seine Zeitdauer ist von der Führung der anderen Stimme abhängig, kann aber innerhalb dieser Einschränkung beliebig angesetzt werden. Seine Vorbereitung umfaßt ganz oder zum Teil die ihm vorangehende Zähleinheit des Taktes. Dabei ist es unwesentlich, ob der Vorbereitungston an den V angebunden oder gesondert angeschlagen erscheint. Zeitpunkt des Eintritts der Auflösung und deren Dauer können beliebig gewählt werden.

Außerdem halten wir uns bei der Anwendung des V vorläufig noch an einige andere Vorschriften.

REGEL 39

Die Auflösung erfolgt nach unten, und zwar durch einen 2- oder 1\2-Schritt. Auflösungen nach oben sind einstweilen noch nicht gestattet.

REGEL 40

Der Zeitwert der Vorbereitung soll nicht geringer sein als die Hälfte vom Zeitwert des Vorhaltes selbst. Es kommen also nur folgende Wertgruppierungen vor:

a) Vorbereitung = 1 Werteinheit, V = 1 Werteinheit ♩♩ ♩ ‖ ♩♩ ♩ u. ä.,

b) Vorbereitung = ½ Werteinheit, V = 1 Werteinheit ♩♩ ♩ ‖ ♪♩ ♩ u. ä.

REGEL 41

Durch VV entstehende nachschlagende Parallelen von ⑧, ⑤ und ④ werden wie echte Parallelen angesehen und sind deshalb verboten.

Auch nachschlagende verdeckte ⑧-, ⑤- oder ④-Parallelen sind zu vermeiden. Allerdings ist die Beurteilung dieser Satzeigenheiten sehr vom Zeitmaß abhängig. Es ist sehr leicht möglich, daß in langsamen Abläufen die verhältnismäßig lang dauernde V-Spannung alle Aufmerksamkeit beansprucht und den Parallelgang nicht als Störung zum Bewußtsein gelangen läßt, während in schnellem Tempo, wo die Zählzeiten nahe aneinanderrücken, die einzelnen Glieder eines Parallellaufes nur durch einen kurzen Zwischenraum getrennt sind, darum in ihrer Zusammengehörigkeit begriffen werden und die V-Wirkung an Bedeutsamkeit übertreffen.

In vorstehender Aufstellung sehen wir sämtliche ᐯ-Bildungen, die bei zwei Stimmen innerhalb einer ⑧ möglich sind. Der Einfachheit halber ist bei der Vorbereitung der einzelnen ᐯᐯ die ergänzende Stimme fortgelassen; sie kann jeweils durch irgendeinen Ton ergänzt werden, der mit der gegebenen Stimme ein Intervall der Zusammenklanggruppe A bildet. Die mit einem + versehenen Fälle widersprechen unserer Forderung nach einer Auflösung der ᐯ-Spannung, denn bei ihnen schreitet die bewegte Stimme vom ᐯ in ein Intervall fort, das minderen Zusammenklangwert hat als das ᐯ-Intervall selbst, sei es, daß nach einem Intervall der Gruppe A ein solches der Gruppe B steht, oder daß innerhalb der Gruppen selbst das minderwertigere dem besseren Intervall folgt. Diese Formen sind demnach für uns ohne Wert. Die Formen a, b, k, l, p, q, r, s, t, u dagegen sind echte Vorhalte, die völlig unseren Anforderungen entsprechen. Die Form i ist zwiespältiger Natur. Nach unseren Vorschriften darf sie nicht als Vorhalt angesehen werden, da bei ihr die Folge ᐯ-Auflösung ja die Intervallwertfolge gut—schlecht enthält, während beim echten ᐯ die Reihenfolge der Intervalle schlecht—gut lauten muß. Der geringe Wertunterschied zwischen den Zusammenklängen ④ und ③ läßt jedoch im Wegschreiten vom ᐯ weder eine Verschärfung der Spannung noch eine Auflösung erkennen: Die Spannung wird ungefähr aufrecht erhalten, die Klänge verharren in der Schwebe. Im drei- und mehrstimmigen Satz kommt dieser hier unentschiedene ᐯ häufig vor, durch den Hinzutritt anderer Intervalle allerdings zu einem echten und einwandfreien ᐯ umgewandelt. Um keine wesentlichen Unterschiede in der Behandlung zweistimmiger und mehrstimmiger Satzgebilde aufkommen zu lassen, entscheiden wir so, daß die zwiespältige zweistimmige Form dieses ᐯ ebenfalls als echter Vorhalt angesehen und behandelt werden darf. Dasselbe gilt für die Form h, obwohl wir hier nicht einmal ein Gleichbleiben der Spannung feststellen können, sondern eine Wertminderung im Schritt vom V zur Auflösung zugeben müssen. Es ist ausschließlich die Rücksicht auf eine spätere dreistimmige Verwendung dieses V und die damit verbundene Ersparnis an Mühe des Umlernens, die ihn uns wie einen regelrechten zweistimmigen V zu betrachten und anzuwenden erlaubt.

Die Form r benutzen wir nicht. Sie entspricht zwar unseren Vorschriften; da sie aber den Satz leicht mit überflüssigen chromatischen Führungen belastet, bedienen wir uns ihrer erst, wenn wir die Töne mit etwas größerer Sicherheit an ihre Plätze zu setzen verstehen. Auch auf die Formen a und b verzichten wir vorderhand noch, da sie die Stimmen in zu enge Berührung bringen, aus der sie vielfach nur mit Mühe wieder zu befreien sind. Außerdem bringen sie in unsere ruhigen, ausgewogenen zweistimmigen Sätze einen unverhältnismäßig harten Klang, zu dessen geschickter Einpassung wir ebenfalls erst erweiterter Satzkenntnisse bedürfen.

Liegt der V in der unteren Stimme, so fallen selbstredend auch alle Formen weg, die als V und Auflösung die Intervallfolge gut—schlecht aufweisen (die Umkehrungen der Formen d, e, f, g, n, o, w und x des Beispiels 99) oder ausschließlich aus B-Intervallen bestehen (Umkehrungen von c und v). Die Form m wird in der Umkehrung zu einem völlig der Regel entsprechenden V und ist deshalb erlaubt.

Die Formen hh und ii werden als Umkehrung der obengenannten Formen h und i mit derselben Begründung wie echte VV behandelt.

Die drei Formen pp, qq und rr werden vorerst noch vermieden;

die Form rr wegen ihrer Neigung zur Chromatik, die beiden anderen, weil sie im zweistimmigen Satze keine ausgesprochene V-Wirkung aufkommen lassen. Erst im drei- und mehrstimmigen Satz läßt sich aus diesen Formen ein deutlich vernehmbarer ᐯ machen, indem man den matten ᐯ-Auflösungsschritten 2\³—4 und 3—4 noch andere, schärfere Intervalle entgegenstemmt. Es stehen uns also im ganzen folgende ᐯ-Bildungen zur Verfügung:

AUFGABE 20

Bringe in der hinzugefügten Stimme nachstehender Beispiele möglichst viele ᐯᐯ an. Man beginne mit einer halben Pause und teile sodann die ganzen Noten je in zwei halbe.

Hier sehen wir das Gegenstück zum ᴧ. Beim ᴧ wurde uns in der bewegten Stimme der neueintretende Ton vorenthalten, hier wird er früher als zu seiner eigentlichen Eintrittszeit angeschlagen, er wird vorausgenommen. Deshalb heißt diese Melodieformel *Vorausnahme* (V). Für die V gilt folgende Vorschrift:

REGEL 42
Die V steht stets auf schlechtem Taktteil und ist von kurzem Zeitwerte. Das Beispiel 105e zeigt, wie bei nicht genügend kurzem Zeitwerte einer V die Gefahr besteht, daß überhaupt keine V mehr gehört wird, sondern ein in der Unterstimme liegender ᴧ.

Die Anwendung der V macht von allen Melodieformeln die geringste Mühe. Freilich ist sie auch (neben dem W) die geringwertigste, da sie die in den Zusammenklängen bestehende Spannung frühzeitig vernichtet und dadurch den Sätzen leicht den Eindruck haltlosen Hingleitens verleiht. So reizvoll eine an der richtigen Stelle angebrachte V sich ausnehmen kann, so aufdringlich und geschmacklos wirkt sie bei häufiger Anwendung.

AUFGABE 21
Bringe in der 2. Stimme der nachstehenden Beispiele möglichst viele VV an.
Die erwähnte Aufdringlichkeit soll uns jetzt nicht stören. Wir können uns aber diese Folgen gehäufter  VV als abschreckendes Beispiel einprägen.

Diese Melodieformel trägt den Namen *Nebenton* (N). Sie ist im Gegensatz zu W und V eine wichtige und ausdrucksvolle melodische Wendung, ebenso wichtig wie D und V. Da sie mit der vollen Schärfe ihres ersten hochgespannten Intervalls unmittelbar eintritt, auf die beim V gebräuchliche Vorbereitung verzichtend, wirkt sie knapper, schärfer und genauer als dieser. Mit NN, die ohne störend aufzufallen in den mannigfachsten Anordnungen zahlreich angewendet werden können, läßt sich bei geschickter Handhabung dem Satzbilde eine bemerkenswerte Geschmeidigkeit und Treffsicherheit geben, ja mit ihnen läßt sich das harmonische Gefüge ungeheuer ausweiten, wobei es durch die zum N gehörige Auflösung doch immer wieder in den Umrissen leichter Auffaßbarkeit gehalten wird.

Der N besitzt sämtliche Merkmale eines V, dem die Vorbereitung fehlt; man begegnet ihm darum auch häufig unter dem Namen *freier Vorhalt*. Mit der Feststellung der gemeinsamen Eigenschaften von V und N besitzen wir sogleich die Anweisungen zum Gebrauche des N: Es sind dieselben, nur fehlen die Vorschriften über die Vorbereitung des V. Alle im Beispiel 103 aufgezählten VV sind somit nach Weglassung ihres Vorbereitungstones unser Vorrat an NN. Genau so wie der V ist der N in seiner Zeitdauer zwar vom Laufe der anderen Stimme abhängig, kann sich aber innerhalb dieses Rahmens zu beliebiger Zeit in seine Auflösung fortsetzen. Auch der N löst sich zunächst ausschließlich mit einem 2- oder 1\2-Schritt nach unten auf, auch bei seiner Anwendung sind nachschlagende ⑧-, ⑤- und ④- Parallelen (offen und verdeckt) verboten (vgl. die V-Regel 41). Die NN mit relativ kleinen Zeitwerten wirken schärfer als die mittels größerer Werte ruhig ausgebreiteten. Bei langen Notenwerten und gleicher Zeitdauer kann mitunter die N-Wirkung in Frage gestellt werden. Ebenso wie der V steht der N in der Regel auf betonter, jedenfalls aber auf besserer Taktzeit als die ihm nachfolgende Auflösung (über NN in synkopischen Bildungen siehe in der neunten Übung). Der Normalplatz für den N ist also im zweiteiligen Takt auf jeder ungeradzahligen Werteinheit (mit Auflösung in die folgende geradzahlige), im dreiteiligen auf dem ersten von je drei Schlägen (Auflösung auf dem zweiten oder dritten) oder auf dem zweiten, dessen Auflösung auf dem dritten erfolgt. Als verhältnismäßig seltene Ausnahme finden sich NN, die nach einer Pause auf unbetonter Taktzeit stehen.

Es mag auf den ersten Blick überflüssig erscheinen, für zwei so ähnliche Erscheinungen wie V und N verschiedene Namen festzulegen. Trotzdem muß es sein. Die Ähnlichkeit ist freilich groß, zumal solange wir mit unseren noch sehr beschränkten melodischen und harmonischen Mitteln arbeiten; lernen wir aber erst die Gebiete der höheren Harmonik kennen, so werden sich die Unterschiede immer deutlicher bemerkbar machen. Der V, der jetzt noch an Wichtigkeit den N sehr zu überbieten scheint, tritt dann in den Hintergrund, der N wird hingegen zu einem überaus wichtigen melodischen Hilfsmittel.

Es gibt Fälle, in denen der N leicht mit dem D verwechselt werden kann. Die Regel 35 machte uns mit der Normalstellung des D auf unbetontem Taktteile bekannt, vom N kennen wir jedoch seinen Anspruch auf betonte Taktzeiten. Finden wir nun in einer bewegten Stimme stufenweise fortschreitende Gänge,

so sind die auf schlechten Taktzeiten stehenden Töne, falls sie nicht zu selbständigen Intervallen der Gruppe A gehören, zweifellos als D anzusehen; auch Töne, die während der Dauer eines Tones der Melodievorlage auf relativ gute Taktzeiten fallen, können als D gelten. Diejenigen Gangtöne aber, welche mit einem neueintretenden Ton der Vorlage zusammentreffen, sind in erster Linie in ihrer Wertstellung zu diesem Tone, nicht als fortlaufender Tonleiterbestandteil der 2. Stimme anzusehen, und deshalb sind sie als NN zu bezeichnen.

Mit dieser Erklärung erübrigt sich die Annahme eines betonten Durchgangs, der in Harmonielehre und Kontrapunkt als Nothelfer in verzweifelten Fällen eine wichtige Rolle spielt.

AUFGABE 22
Setze in die 2. Stimme nachstehender Beispiele möglichst viele NN ein, selbst auf die Gefahr hin, gleichförmige und uninteressante Gebilde zu erhalten.

Der Schüler wird feststellen, daß bei der Ausführung durch Singstimmen gerade die NN infolge ihres brüsken Einsatzes scharfer Intervalle oft schwer sangbar sind. Zieht man also eine leicht ausführbare Satzweise vor, so sei man mit der Anwendung von NN vorsichtig oder ziehe deren gelindere Formen vor. In der vorliegenden Aufgabe haben wir allerdings keine freie Wahl.

C
Musterbeispiele

AUFGABE 23

Setze in den vorstehenden Beispielen die Zeichen W, D, V, V̌ und N über die zugehörigen Noten.

AUFGABE 24

Fertige zweistimmige Sätze Note gegen Note an (wie in der zweiten Übung) oder nimm die aus vorhergehenden Übungen vorhandenen und löse ihre 2. Stimmen in Bewegung auf. Setze an den gehörigen Orten die Zeichen W, D, V, V̌ und N ein und singe die Übungen. Verbessere, wo der Satz unrein oder undeutlich ist oder wo die Linien und Zusammenklänge zu schwer zu singen sind.

Von jetzt an beherzige als Hauptarbeitsregel den Satz: Schreibe niemals etwas nieder, was du nicht restlos erklären kannst.

FÜNFTE ÜBUNG
Grundzüge des Melodienbaues

Wir sind nach Bewältigung der vorangehenden Aufgaben schon ziemlich weit in die Geheimnisse des Melodienbaues eingedrungen. Wir haben uns aber, angelehnt an eine starre, fast gänzlich ausdrucks- und gesichtslose Grundstimme, auf eine man möchte sagen nicht ganz redliche Weise hinter den Mechanismus der Melodien geschlichen: Wir haben den aus dem Zusammengehen zweier Stimmen entstehenden Zusammenklängen Töne und Figuren zugefügt, statt von den ursprünglichen melodischen Erscheinungen auszugehen. Wir sind etwa in der Lage eines Mannes, der in einer fremden Stadt hier ein Haus, dort einen Turm, einen Garten, eine Mauer betrachtet, dabei aber weder weiß, woher und wohin die Straßen führen, noch welche Gestalt und Ordnung die Stadt hat. Er kennt so eine Menge bedeutsamer Einzelheiten, ohne etwas über ihre Funktion innerhalb des Gesamtplanes zu wissen. Diesen noch fehlenden umfassenden Blick über das Ganze wollen wir uns in der vorliegenden Übung und in den folgenden erwerben. Wir wollen erfahren, auf welche Weise Melodien gebaut werden, wie ihre einzelnen Bestandteile zusammenhalten und wie sie auf längere Strecken zu lenken sind.

A
Arbeitsmaterial

Aus den Ergebnissen der vorangehenden Aufgaben nehmen wir die mit Melodieformeln (W, D, ᐯ, ᐯ und ᴎ) versehenen 2. Stimmen zum Ausgangspunkt unserer neuen Arbeiten. Die Melodievorlagen, welche uns bisher so gute Dienste geleistet haben, werden für kurze Zeit gänzlich außer acht gelassen, damit wir die melodischen Vorgänge in einer einzigen Tonlinie erforschen können, ohne durch einen zweiten Melodielauf gestört zu sein.

B

Arbeitsvorgang

Es läßt sich nicht leugnen, daß diese Melodie auch abgelöst von ihrer Führerin, der Melodievorlage, selbständigen Lauf und Ausdruck besitzt und ohne weitere Zutat verständlich ist. Mit dem Hinzufügen von Melodieformeln zu der ursprünglich eng an die Vorlage geketteten Stimme muß also in die tönereichere Linie eine Bewegung höherer Ordnung gekommen sein, welche wohl noch äußerlich an die ursprüngliche hinzugefügte Stimme erinnert, in ihrem eigentlichen Wesen jedoch noch anderen Gesetzen gehorcht. Ich nehme nicht an, daß selbst der eifrigste aller Lernenden den Eifer so weit trieb, die obige Melodie in der Form, wie sie zuerst in der vierten Übung auftrat, auswendig zu lernen. Er dürfte sie deshalb rein als einstimmige Linie, ohne Bezugnahme auf eine zweite stützende oder ergänzende Stimme auffassen können.

Läßt er sie solcherweise unbefangen auf sich wirken, so wird er bald merken, wie die Tonreihe ähnlich dem Faltenwurf eines Tuchstückes sich in schwere und leichte, hochgewölbte und eingesenkte, helle und beschattete Partien sondert. Da ist zunächst die grobe Einteilung nach betonten und unbetonten Taktzeiten, die uns durch die Taktstriche angezeigt wird. Sodann verspüren wir noch eine feinere rhythmische Gliederung: den natürlichen Fall der einzelnen Motive, die gleich den in sich geschlossenen Gliedern einer Kette ineinander hängen und so aus einer Anzahl selbständiger Einheiten zu einem runden Ganzen werden. Um beide Arten der Gliederung kümmern wir uns jedoch jetzt nicht, da sie fast ausschließlich den rhythmischen und formalen Gehalt unseres kleinen Stückes betreffen, wir aber nur den Eigenheiten der Setzweise nachgehen wollen.

Wir haben schon früher Betrachtungen über das Ineinandergreifen harmonischer und melodischer Elemente angestellt. Wir haben auch gesehen, daß wir zu unseren bisherigen harmonischen Kenntnissen, wie sie vorwiegend in der zweiten Übung entwickelt wurden, auf melodischem Wege gelangt sind, ja daß die verwendeten Harmonien gänzlich unlösbar mit dem Verlaufe mehrerer Stimmen, also mit melodischen Linien verknüpft waren. Ferner stellten wir fest, daß die Intervalle ebenso harmonischen Zwecken dienen wie melodischen. Wenn sich also in den zusammenklingenden Intervallen ihre Entstehung aus Tonschritten nachweisen läßt, muß die harmonische und melodische Doppelbedeutung des Einzelintervalls uns auch gestatten, aus den Melodiezügen harmonische Gruppierungen herauszuhören.

In den ersten drei Takten der vorliegenden kleinen Versuchsmelodie leistet unser Gehör folgende Arbeit. Bei den ersten beiden Tönen ist es noch unschlüssig über die Bedeutung des Gehörten; beim dritten Tone erinnert es sich des zuerst gehörten g^1, schließt es mit dem zweiten g^1 zu einer Gruppe zusammen und ordnet dieser das a^1 als weniger wichtigen Ton (W) unter. Erscheint mittlerweile das e^1, so wird, da das Ohr nicht voraushören kann, sondern immer nur die jüngsten Erfahrungen mit den älteren vergleicht, die ganze Gruppe g^1 (a^1) g^1 an das e^1 angeschlossen — und hier zeigt sich ein winziger Ruhepunkt für das Gehör: e^1—g^1, das ist ein Intervall ($2\backslash 3$) aus der Zusammenklanggruppe A, ein selbständiger, in sich beruhender, keiner Auflösung oder bestimmter Folge bedürfender Klang. Wir hören das Intervall zwar nicht als Zusammenklang, die Harmoniewirkung des auseinandergelegten Intervalls ist aber ebenso stark wie die des zusammenklingenden, wir empfinden deshalb einen Zusammenschluß, eine *harmonische Zelle*, die vom ersten Tone unserer Melodie bis zum vierten reicht. Beim folgenden f^1 ist wegen des ganz schwachen Zusammenklangwertes der $1\backslash 2$ e^1—f^1 kein harmonischer Zusammenhalt zu spüren, hingegen bringt das Gehör den letzten Ton des zweiten Taktes wieder in harmonische Verbindung mit dem vorher gehörten e^1 und schließlich sogar mit der ganzen bisher gehörten Tonfolge. Tritt nun das a^1 ein (dritter Takt), so wird versucht, diesen neuen Ton mit allen früheren zu vergleichen. Mit seinem Vorgänger ist keine harmonische Bindung zu erzielen (geringer Zusammenklangwert der 2 g^1-a^1), mit dem f^1 schließt sich jedoch das a^1 zu einer 3 zusammen. Kaum hat das Ohr jedoch diese Entdeckung gemacht, erinnert es sich des e^1 und findet damit einen noch besseren harmonischen Zusammenschluß: die 4 e^1-a^1. Besser deshalb, weil die 4 an Zusammenklangwert die 3 übertrifft und weil außerdem diese 4 aus zwei Tönen besteht, die beide auf gutem Taktteil stehen und auch in den Zeitwerten günstiger gestellt sind als die 3 f^1-a^1 mit dem Grundton f^1 im Achtelwert auf unbetonter Taktzeit. Die früher als das e^1 gehörten Töne stehen teils ohne Harmonieverbindung zum a^1, teils kommt unter ihnen das a^1 selbst noch einmal vor, was die Wichtigkeit dieses Tones, zu der er als Grundton des bisher gehörten besten Intervalls (der 4) gelangt ist, nur unterstreicht.

Die in den ersten drei Takten unseres Versuchsbeispiels entdeckten Tatsachen können wir nun schon in einer allgemein gültigen Regel zusammenfassen:

REGEL 43
In allen Melodien schließen sich Töne zu harmonischen Zellen zusammen, die aus gebrochenen Intervallen der Zusammenklanggruppe A bestehen. Die Zellen können scharf voneinander getrennt sein, sie können aber auch so angeordnet sein, daß sie ineinandergreifen oder daß kleinere in größere eingebettet sind. Die Bedeutung der Zellen wird durch die rhythmische Stellung und den Zeitwert ihrer Bestandteile beeinflußt.

Hierzu ist zu bemerken, daß die im Ineinandergreifen oder Eingebettetsein von Zellen begründete Mehrdeutigkeit noch vergrößert wird durch die verschiedenen Grade der Begabung, der Gewandtheit und der Bereitwilligkeit, mit der die Hörenden die Melodien wahrnehmen. Den Zusammenklang einer ⑧ oder ⑤ kann unser Ohr mit fehlerloser Eindeutigkeit feststellen, für die harmonische Gruppierung der aufeinanderfolgenden Töne einer harmonischen Linie, für die Abgrenzung der Zellen steht ihm jedoch eine gewisse Freiheit zu. Es kann keine Zellen hören, wo keine sind, aber es ist auch nicht gezwungen, sämtliche überhaupt möglichen Zellenbildungen in einer Melodie zu registrieren. Wenn es sich nur darum handelte, dies zu tun, so ließe sich das ohne Mithilfe des Gehörs einfach dadurch bewerkstelligen, daß man auf dem Papier jeden sich in der Aufeinanderfolge der Töne bildenden Terz-, Quart- oder Quintschritt nach Außerachtlassung der dazwischenliegenden Sekundschritte feststellt. Damit würden wir aber zu viel und zu wenig erreichen: Einer großen Anzahl der so gefundenen vermeintlichen Zellen würde das Gehör die Anerkennung versagen, weil ihr kurzer Zeitwert oder ihre schlechte Stellung in den Takten sie nicht als selbständige Gebilde zur Geltung kommen läßt; andrerseits würden auf diese Weise diejenigen Zusammenschlüsse nicht erfaßt, welche erst nach dem Auftreten von zwei oder mehr A-Intervallschritten das Gefühl einer Zellenbildung hervorrufen. Beim klingenden Rohmaterial des Tonsatzes, den Einzeltönen und Einzelintervallen, können wir uns ganz auf den sinnlichen Eindruck verlassen, den wir von seinen Eigenschaften empfangen; es ist scharf umgrenzt, handfest und eindeutig wie der Baustoff irgendeines anderen Handwerkes. Wollen wir aber das Wesen der kleinsten Einheiten melodischer Linienführung erfassen, die sich aus der Aneinanderreihung des Rohmaterials ergeben und sowohl melodisch wie harmonisch tätig sind, so müssen wir, um uns über ihre Eigenschaften klar zu werden, mehr unserem Gefühl als dem äußeren Augenschein vertrauen. Es könnte scheinen, als ob es gefährlich sei, beim Erlernen der Handgriffe tonsetzerischer Arbeit sich zu einem Teil auf die sinnliche Wahrnehmung, zum andern auf seelische Vorgänge beim Hören zu stützen. Keine Tonsatzlehre kommt um diese Vermischung herum, ob sie sich dessen bewußt ist oder nicht, ob sie es eingesteht oder leugnet. Das liegt am musikalischen Baumaterial, welches trotz seiner offenbaren Handgreiflichkeit gänzlich andersgeartete, tieferdringende und die Seele unmittelbarer ansprechende Wirkungen ausübt als die Baustoffe anderer Künste. Es ist nicht unseres Amtes zu entscheiden, wie weit bei der Erschaffung und beim Genusse eines Kunstwerks dem sinnlichen Eindruck, wie weit der seelischen Aufnahmefähigkeit Rechnung getragen werden soll; es ist Sache des

Psychologen, ob er dem Hersteller und dem Verbraucher künstlerischer Werte gestatten will, die Ganzheit eines Eindrucks in getrennte Arbeitsgänge zu zerlegen. Wir berufen uns jedoch, solange uns die Töne und Intervalle und all ihre vielfältigen Summierungen fast ausschließlich als Übungsstoff für unsere handwerkliche Schulung zu gelten haben, auf die seit zwei Jahrtausenden bewährte Erfahrung tonsetzerischer Lehre. Sie erobert sich ihr mosaikhaft aufgeteiltes Schaffensgebiet ebenso stückweise wie der Sänger und der Instrumentalist, welche beide die unzertrennbare Einheit eines ausdrucksvollen, technisch und klanglich vollkommenen Tones auch nur dann darzustellen vermögen, wenn sie alle Einzelteile ihrer Spielapparatur durch besondere Übungen geschmeidig machen. Beim fertigen, sein Instrument makellos beherrschenden Sänger oder Spieler ist von diesem Teiltraining so wenig mehr zu spüren wie von den zerlegten Arbeitsvorgängen der Satzversuche in einem vortrefflich gesetzten Tonstück.

So ist also die Mehrdeutigkeit der harmonischen Zellen kein Nachteil. Ihr ständig schillerndes Harmoniespiel mit seinen meist nicht scharf getrennten Werten macht vielmehr einen der Hauptreize melodischer Abläufe aus.

Es ist lehrreich, unsere in der ersten Übung angefertigten Melodievorlagen einmal auf ihren Gehalt an Zellen anzusehen. Selbst in diesen ganz notdürftig rhythmisierten Melodien finden sich die Zellenbildungen, sei es, daß zwei aufeinanderfolgende Töne ein auseinandergelegtes A-Intervall bilden, oder daß ein Zusammenschluß erst beim dritten Tone erfolgt und die Endpunkte dieser Zelle durch Sekundschritte (B-Intervalle) unterbrochen oder ausgefüllt sind. Wir erkennen jetzt deutlich, warum es uns unmöglich ist, eine von jeglichem Harmoniegehalt freie Melodielinie zu erfinden: Man mag noch so viel zerlegte B-Intervalle aufeinander folgen lassen, immer wird sich von einem beliebigen Ausgangspunkte an nach spätestens zwei oder drei Tönen ein harmonischer Zusammenschluß zu einem A-Intervall, zu einer harmonischen Zelle ergeben. Wenn wir auch diesem Naturdrang der Töne kein Hindernis entgegensetzen können, so haben wir doch die Macht, ihn zu lenken. Wir brauchen den Tönen nicht zu gestatten, sich lediglich aus Gründen des Gewichtes oder der

Tonfolge zufällig in Zellen zu sammeln; der Platz und die Umstände der Zellenbildung sollen vielmehr von uns bestimmt werden. Freilich sahen wir, daß die Zellengrenzen nicht immer eindeutig festzulegen sind und daß es unter der Gesamtzahl möglicher Zellen eines Linienzuges immer solche gibt, die wichtiger als die übrigen sind und deshalb eine bestimmte Abgrenzung fordern. Beim Bau von Melodien werden wir also darauf zu achten haben, diese harmonischen Hauptstellen dem Hörer eindeutig zum Bewußtsein zu bringen, so daß die unscharfen Grenzen und die Mehrdeutigkeit für die weniger wichtigen Abschnitte der Melodie verbleiben.

Die Tatsache der Zellenbildung in Melodien läßt jetzt die Regel 5 völlig verständlich erscheinen, wonach nur wenige bestimmte Töne vor dem Schlußtone einer in ganzen Noten gleichmäßig bewegten Melodievorlage auftreten dürfen. Erscheinen nämlich vor dem Schlußtone seine Unterquinte oder Oberquarte, so könnte die Zellenbildung zwischen ihnen und dem Schlußtone uns verleiten, den vorletzten Ton (den Grundton der Zelle) als Hauptsache und den Abschlußton nur als Ergänzung der Zelle hören. Das Gefühl formalen und tonalen Abschlusses wird aber nur dann zweifelsfrei hervorgerufen, wenn der Schlußton aus allen Tongruppen, die seine Schlußwirkung beeinträchtigen könnten, ferngehalten wird.

Beachten wir den weiteren Verlauf unseres Beispiels 113 und verfolgen wir nochmals, wie das Ohr sich ihm gegenüber verhält! Nach dem c^2 des dritten Taktes findet es beim ersten Tone des vierten die harmonische Zelle geschlossen (c^2-a^1), muß aber schon beim nächsten Tone wieder umdenken, denn hier hört es einen besseren Intervallzusammenschluß, nämlich die 4 c^2-g^1. Beim vorletzten Tone des vierten Taktes (f^1) macht es, nachdem es zunächst die Zelle a^1-f^1 festgestellt hat, eine neue Entdeckung: Es hört nicht nur ein gebrochenes Intervall, sondern gleich einen ganzen Akkord, den gebrochenen Dreiklang $f^1-a^1-c^2$. Gelangt es gar zum d^1 des fünften Taktes, so findet es nacheinander: die Zelle d^1-f^1, eine weitere Zelle d^2-g^1, den gebrochenen Dreiklang $d^1-f^1-a^1$ und schließlich den gebrochenen Septakkord $d^1-f^1-a^1-c^2$. Diesen Septakkord empfindet es als den Hauptzusammenschluß, da der Anfangs- und der Endton der ganzen Gruppe ihn begrenzen, der Endton auf gutem Taktteil und vor einer Zäsur stehend, welche Stellung ihm besondere Wichtigkeit verleiht. Auf gutem Taktteil steht ferner das a^1, ein wesentlicher Bestandteil des genannten Septakkords.

Auch diese Erfahrung können wir in Form einer Regel unserer Arbeit dienstbar machen:

REGEL 44

Außer den harmonischen Zellen kommen in den Melodien größere harmonische Zusammenschlüsse vor. Sie bestehen aus gebrochenen Dreiklängen oder anderen leichtverständlichen gebrochenen Akkorden. Diese zusammengeschlossenen Harmoniegruppen nennen wir *harmonische Felder*.

Näheres über die harmonischen Felder folgt in der siebenten Übung. Um jedes Mißverständnis auszuschließen, sei bemerkt, daß es sich bei den harmonischen Feldern ausschließlich um die Harmonien handelt, die von den Melodietönen selbst gebildet werden, keinesfalls sind damit die Harmonien gemeint, die einer Melodie unterlegt werden oder die durch das Miteinandergehen mehrerer Melodien zustande kommen.

AUFGABE 25

Zeige in allen Melodien, die im Verlaufe der dritten und vierten Übung entstanden sind (den bewegten 2. Stimmen der Aufgaben) die harmonischen Zellen und Felder.

So oft in den Aufgaben dieser Übung von „Melodien" die Rede ist, sind stets die durch W, D, V, V N. und ausgezierten hinzugefügten Stimmen gemeint, niemals die Melodievorlagen.

Die harmonische Zelle sowohl wie das harmonische Feld haben infolge ihrer auf mehrere Töne wirkenden Bindekraft immer die Neigung, den melodischen Verlauf zu hemmen. Sie sind innerhalb des ständigen Vorwärtsdrängens der Melodieläufe die Partien angenehmen Verweilens, der beschaulichen Schönheit, so kurz auch diese Verzögerungen des Laufes sein mögen. Die vorwärtsdrängenden Tongruppen, welche den Verzögerungen entgegenwirken, sind als W, D, V, V und N schon in unsere Arbeit einbezogen, mit einigen ande-

ren werden wir noch in Berührung kommen. Halten wir uns also stets vor Augen, daß es in den Melodien zwei Arten von Tongruppierungen gibt:
a) eine verzögernde: harmonische Zelle, harmonisches Feld;
b) eine beschleunigende: W, D, V, V̆ und N, und die eben erwähnten, noch zu besprechenden Melodieformeln.

Wie der W und D kann auch der N schon mit einer einzigen Stimme, ohne den harmonischen Gegendruck einer zweiten unmißverständlich erkennbar sein. Diese Formeln treten als melodische Aufteilung zu den geschlossenen Harmoniegruppen der Zellen und Felder, sie erweitern als untergeordnete Bestandteile vor und zwischen den Zellengrenzen und den Akkordtönen eines Feldes diese Harmoniegruppen (durch eine hinzutretende zweite Stimme kann allerdings die harmonische Bedeutung dieser Anhängsel völlig geändert werden). In den meisten Fällen braucht aber auch der N das harmonische Widerlager einer zweiten Stimme; er verhält sich dann genau so wie der Vorhalt, der ohne zweite Stimme garnicht als V verstanden werden kann, sondern höchstens als rhythmische Eigenart einer Melodie wirkt.

Zellen und Felder einerseits, W, D, V, V̆ und N andererseits ergeben im besten Falle eine mehr oder weniger schöne und brauchbare Zusammenstellung von Tongruppen; irgendein Zwang, der ihre Reihenfolge, ihren Abstand, ja selbst ihre Höhenlage in eine übersichtliche Ordnung bringen würde, ist in ihnen selbst nicht enthalten. Zur Erzielung solcher Ordnung gibt es wiederum zwei Mittel, von denen das eine ebenfalls verzögernder, das andere beschleunigender Natur ist.

Das erste ist so leicht zu begreifen wie es anzuwenden ist. Es besteht in der öfteren Wiederkehr eines Tones, nachdem andere Töne inzwischen erklungen sind. Es ist verständlich, daß ein solcher Ton, der nach Art einer Achse die mannigfachen Zellen, Felder und Formeln verbindet, einen sehr dichten Zusammenschluß hervorrufen muß, der sich hauptsächlich auf die Höhenlage der Melodie bezieht. Die Gefahr, welche in der außerordentlich stark anziehenden Kraft eines solchen häufiger auftretenden Tones liegt, ist ebenso leicht zu erkennen: Er kann die Melodie am Aufschwung hindern, kann jede durch andere Mittel erzielte Entwicklung zunichte machen. Es ist also bei der Anwendung dieses Bindemittels im Melodienbau zu großer Vorsicht zu raten. Seine Wirkungen können großartig sein, wenn in einer Melodie der Ausdruck großer Ruhe, fester Beharrlichkeit oder stumpfer Starre angestrebt wird oder wenn der Bau eines Stückes die Festlegung auf einen bestimmten Punkt fordert. Schauderhaft und ertötend wirkt es, wenn man die Tonwiederkehr nicht geschickt anzuwenden versteht oder wenn sie sich gar unbemerkt in die Tongruppen einnistet und wie ein schleichendes Gift die Bewegung in ihnen auslöscht. Schon in unserer ersten Übung haben wir den Wechselton vermieden, weil er wegen der langen Zeitdauer der angewendeten Töne die Entwicklung gestört hätte (bei Verwendung kleinerer Notenwerte ist er, wie wir schon wissen, harmlos), andererseits haben wir durch die Gleichheit des Anfangstones und des Schlußtones die Melodien zusammengehalten. Beide Maßnahmen begreifen wir jetzt aus der Fülle erweiterter Kenntnis: Sie wollen die Schäden vermeiden und sollen die Vorteile sichern, die aus der Benutzung der öfter wiederkehrenden Töne in den Melodien entstehen.

Für die Anwendung dieses Mittels bedarf es keiner besonderen Regel. Zu bemerken ist lediglich, daß auch seine Bedeutung erhöht oder vermindert werden kann, je nachdem man die Zeitwerte der wiederkehrenden Töne bemißt oder welche Stellungen in der Takteinteilung man ihnen zuweist.

AUFGABE 26
Suche in den Melodien der Aufgaben aus der dritten und vierten Übung nach wiederkehrenden Tönen und beurteile ihre gute oder schlechte Wirkung.

Um das zweite, die melodische Ordnung regelnde Mittel zu erkennen, untersuchen wir die vorstehende Melodie. Wir sehen da zunächst vom ersten zum zweiten Takte sich eine Verbindungslinie erstrecken, die unabhängig von Takt- und Motivgliederung, von Harmonien und Melodieformeln die höchsten Punkte der Melodie erfaßt. Sie schreitet vom a^1 zum b^1, von da zum c^2 und zurück zum b^1. In diesem, dem ganzen sonstigen linearen Geschehen übergeordneten Auf- und Absteigen in großen und kleinen Sekundschritten haben wir in einem sehr kleinen Ausmaße schon das ordnende Prinzip erkannt: Es ist der *Sekundgang*. Seine Aufgabe ist allerdings nicht mit der Aneinanderreihung nahe beieinander liegender Töne zu enggliedrigen Sekundketten erschöpft, seine eigentliche Wirkung erstreckt sich auf Bindungen höherer Art. Über unseren kleinen Sekundgang ($a^1 — b^1 — c^2 — b^1$) spannt sich ein größeres Band, das im ersten, zweiten, vierten und fünften Takt an die betonten ersten Taktzeiten angeknüpft ist und im sechsten beim synkopierten c^2 endet. (Die kleinen, gestrichelt notierten, noch nebenher verlaufenden Sekundgänge stören den großen Gang keineswegs; der nahe Stand ihrer Glieder verleiht ihnen nur mäßige Eindringlichkeit, zudem halten sie nicht so häufig die hervorstehenden Melodiepunkte besetzt.) Weiterhin sehen wir noch einen wichtigen, die tiefsten Töne der Melodie erfassenden Sekundgang vom f^1 des ersten Taktes auf das g^1 des dritten hinschreiten, dort verweilen und zum Schluß auf den letzten Ton der Melodie wieder absteigen.

REGEL 45

Um einen Melodieverlauf so zu organisieren, daß er selbst beim kompliziertesten Aufwand von Tönen, Schritten und Rhythmen verständlich erscheint, bringt man seine Hauptpunkte in einer Reihe auf- und absteigender Sekundschritte an (Sekundgang). Sekundgänge können an jeder beliebigen Stelle der Melodie anfangen und aufhören, sie brauchen nicht ununterbrochen durchgeführt zu werden.

REGEL 46
Lassen sich mehrere Sekundgänge feststellen, so sind diejenigen unter ihnen, deren einzelne Punkte auf die wichtigsten Töne der Melodie fallen oder auf den Haupttaktzeiten stehen, als die wertvolleren anzusehen.

REGEL 47
Meist wird ein Sekundgang aus der Reihe der oberen melodischen Spitzentöne gebildet werden können, ein zweiter wird die Reihe der tiefsten Melodietöne umfassen. Zwischen beiden können noch andere Sekundgänge verlaufen oder in die Hauptgänge übergehen.

REGEL 48
Der Abstand zwischen den Tönen eines Sekundganges kann beliebig groß sein. Hier kann der Gang aus drei aufeinanderfolgenden Tönen gebildet sein, dort können zwischen zweien seiner Töne mehrere Takte liegen. Eine längere Folge gleichmäßiger Abstände nimmt der Melodie alle Spannung, zu viele unmittelbar aufeinanderfolgende Sekundschritte wirken als Tonleiter, nicht als Sekundgang.

Voraussetzung für das Entstehen guter Sekundgänge ist für uns selbstverständlich die Einhaltung der bisherigen Regeln für den Melodienbau. Um nicht durch die Menge neuer Erfahrungen auf Abwege zu geraten, verzichten wir in dieser Übung auf die Erfindung neuer Melodien, vielmehr nehmen wir ausschließlich die in den vorangehenden Übungen hergestellten als Unterlage für unsere Versuche.

Im Sekundgang ist keineswegs ein Universalmittel zu erblicken, dessen Vorhandensein die Güte einer Melodie gewährleistet; auch kann nicht immer mit unfehlbarer Sicherheit durch seine Einfügung ein unbefriedigender Melodienzug in einen zufriedenstellenden umgebogen werden (meist ist dies allerdings möglich). Ja, es kommt sogar vor, daß der Sekundgang durch stärkere Herausarbeitung der harmonischen Felder nur in kleinsten Bruchstücken auftritt und so unbemerkt bleibt (wir werden solche Fälle noch kennen lernen). Auch bei sequenzenreicher Melodienanlage ist oft kein Sekundgang festzustellen; der Zusammenhang wird hier durch andere Mittel — eben durch die sequenzhafte Wiederholung von Tongruppen — gewährleistet. Ist der Sekundgang aber in einer Melodie deutlich vorhanden, wird außerdem die Entwicklung durch übermäßigen Gebrauch wiederkehrender Töne nicht allzu sehr gehemmt, so hat man mindestens die Gewähr zielsicheren und unbeirrten Fortschreitens der betreffenden Melodie. Der Sekundgang ist demnach ausschließlich als das Kontrollmittel für den rein melodischen Vorwärtsdrang einer Tonfolge anzusehen. Über die sonstigen Eigenheiten einer Melodie, zumal über die harmonischen, vermag er nichts auszusagen.

Da das Herauslösen des Sekundganges ebenso wenig wie die Feststellung der harmonischen Zellen und Felder dem Anlegen eines feststehenden und unverrückbaren Maßstabes gleichzuachten ist, so spricht in den zahlreichen Fällen, wo eine klare, eindeutige Meinung über Vorhandensein und Verlauf eines Sekundganges nicht zu erzielen ist, immer wieder der persönliche Geschmack des einzelnen Betrachters das letzte Urteil. Wie dies aber auch ausfalle, ob es einen einzigen dürftigen oder fünf ausführliche Sekundgänge feststelle, stets müssen diese Gänge als eine vernünftige, verständliche Tonreihe zu verstehen sein.

AUFGABE 27
Weise in den Melodien, die schon in den beiden vorigen Aufgaben zur Untersuchung benutzt wurden, die Sekundgänge nach.

C

Musterbeispiele

Die folgenden drei Beispiele sollen zeigen, wie sich das Gehör auf die harmonischen und melodischen Vorgänge in einer Melodie einstellt; wie es immer bestrebt ist, aus den Melodietönen zusammengehörige Gruppen zu bilden, sei es, daß diese durch harmonische Bindung (Zellen, Felder) entstehen oder durch melodischen Zusammenschluß (Sekundgang). Der besseren Darstellung wegen sind die Melodien über und unter dem Notenbilde nochmals in ein Liniensystem eingespannt, das jedem Halbton innerhalb des ganzen Tonumfanges der Melodie eine eigene Linie einräumt. Im oberen System sind die harmonischen Zellen und Felder eingetragen. Ein Strich zwischen zwei Tonpunkten zeigt an, daß die beiden durch ihn verbundenen Töne eine harmonische Zelle bilden. Die harmonischen Felder sind oberhalb des Liniensystems noch einmal mit Nennung der Töne, aus denen sie gebildet werden, angegeben. Das untere System zeigt die wiederkehrenden Töne und die Sekundgänge. Die Hauptsekundgänge sind durch einen ununterbrochenen Strich angedeutet. Kleinere Gänge haben eine durchbrochene Linie (------), die Bindung durch wiederkehrende Töne hat eine punktierte Linie (........).

BEISPIEL 1

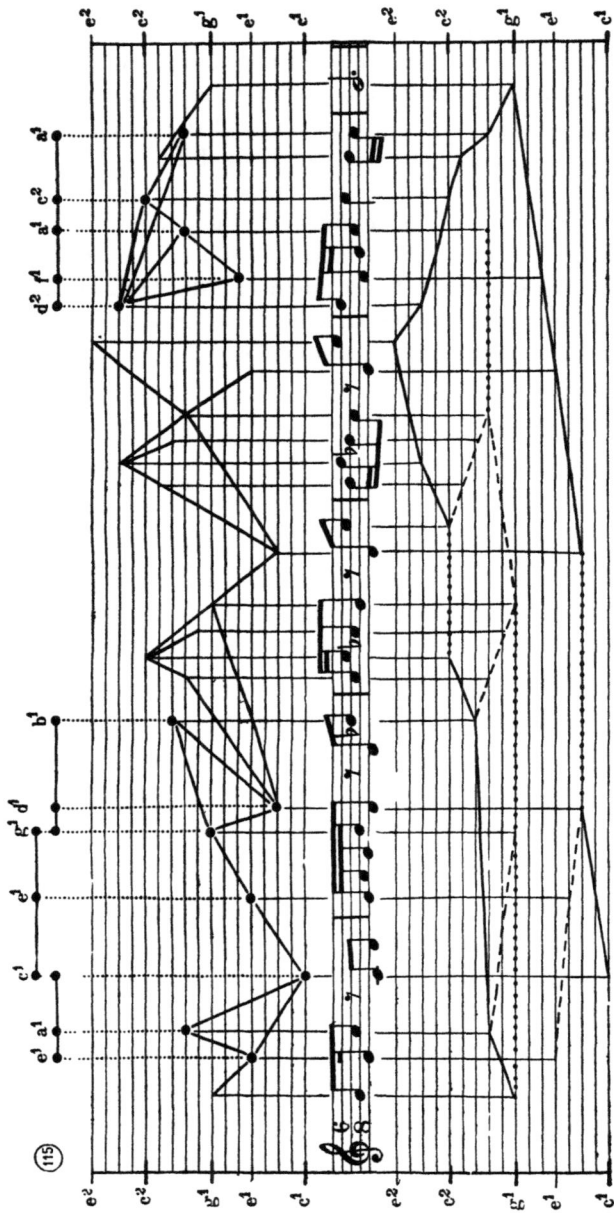

BEISPIEL 2

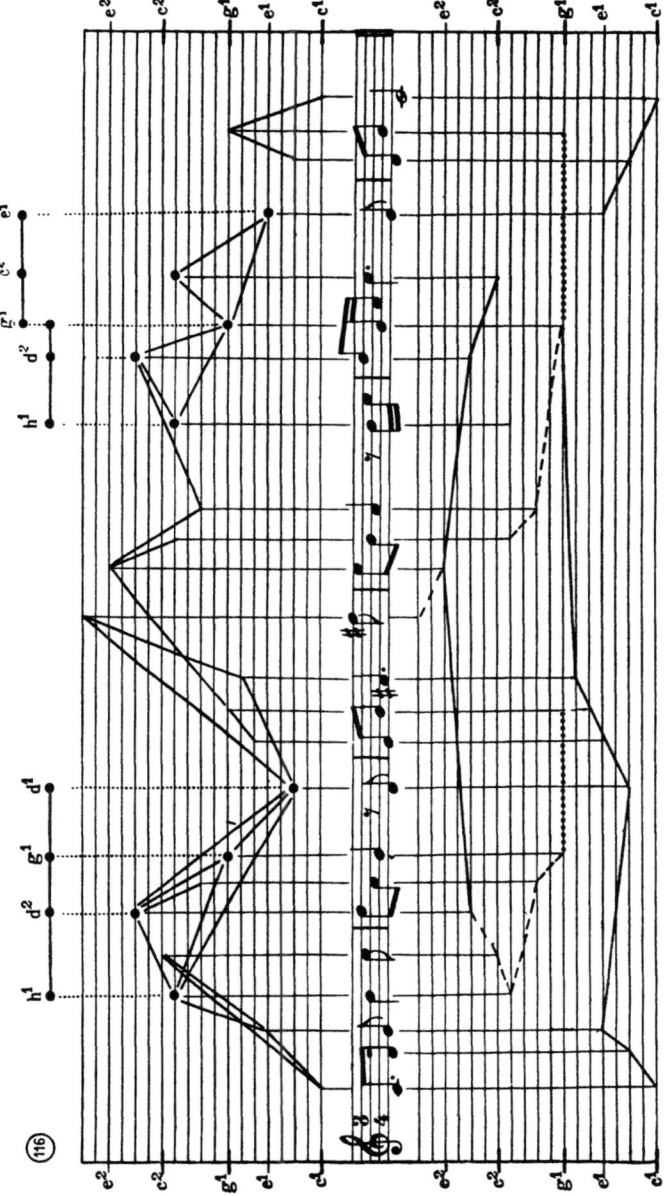

BEISPIEL 3

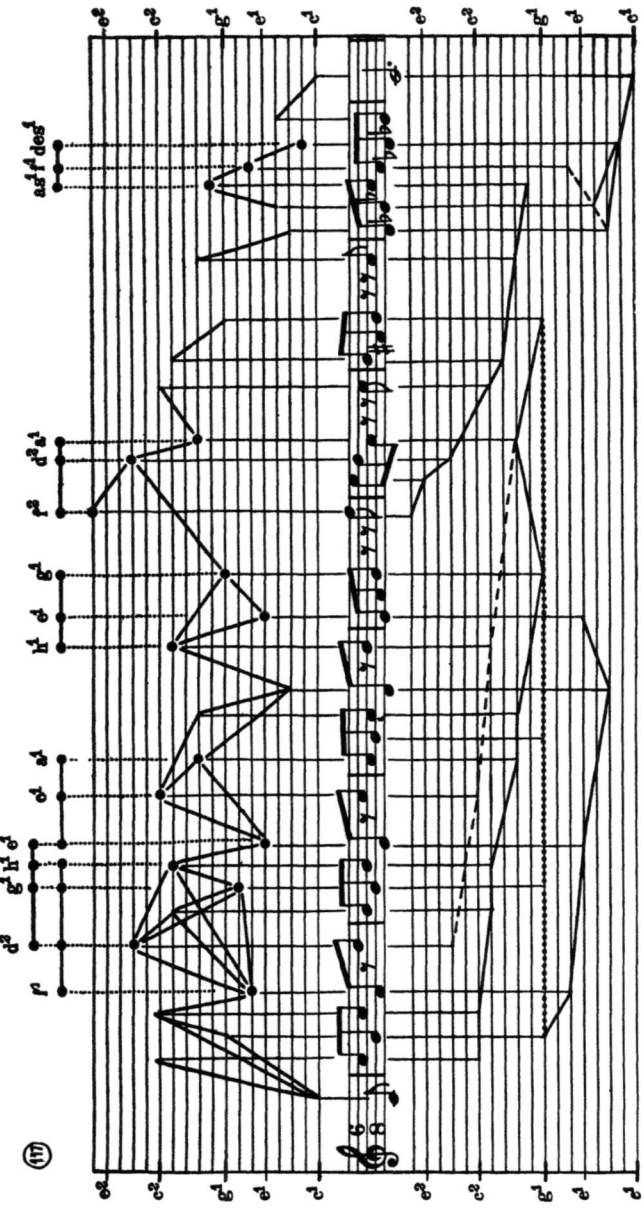

Diese Beispiele dienen ausschließlich dazu, dem Lernenden durch die *Betrachtung* das Wesen der harmonischen und melodischen Bindung in den Melodien klarzumachen. Er braucht sie nicht zu singen, auch soll er sich nicht durch sie aufstacheln lassen, ebenso komplizierte Melodien zu konstruieren. Sie sind absichtlich etwas zu reich mit Zutaten aller Art ausgestattet, damit die Vielfalt der Tonbeziehungen recht deutlich werde.

Hat man die Aufzeichnungen auf dem Papier gründlich nachgeprüft, so verfolge man bei ganz langsamem Durchspielen am Klavier jede einzelne Harmoniebeziehung und jeden Stufengang. Dann spiele man die Stücke im richtigen Zeitmaß durch, wobei sich herausstellen wird, daß das Ohr nicht mehr all die angegebenen Beziehungen wahrnimmt. Das schnellere Zeitmaß erlaubt nicht, auf alles einzugehen; der Rhythmus, dessen Schläge im langsamen Tempo weniger spürbar sind, wird aufdringlicher und zieht die Aufmerksamkeit von den harmonischen und melodischen Geschehnissen weg; zudem läßt das Ohr sich durch den Willen lenken: Es hört diejenigen Beziehungen als Hauptsache, die der Verstand mitgeteilt haben will, die anderen werden zu Nebendingen — und im schnellen Zeitmaß genügt es auch für den schärfsten Verstand, nur die Hauptbeziehungen bewußt aufzunehmen. Für den aufmerksamen Spieler und Hörer werden sich jetzt die harmonischen und melodischen Hauptzüge besonders deutlich herausschälen, und er wird begreifen, wie sie sinnvoll und folgerichtig miteinander und nebeneinander herlaufen. Sollte er bis jetzt geglaubt haben, daß man ja aus jedem beliebigen regellos und dumm zusammengewürfelten Tonbrei Sekundgänge und Harmoniefelder herauslesen könne, wenn man irgendwelche Töne herausfische und passend aneinanderlege, so wird er nunmehr spüren, wie uns wohl eine gewisse Wahl bleibt, daß aber immer nur ganz wenige Möglichkeiten zu Feld- und Sekundgangbildungen bestehen, die in sich und in der Verbindung zu ihren Nachbargruppen die nötige Folgerichtigkeit aufweisen. Das Ohr hört Sekundgänge und Harmoniebindungen nur da, wo sie wirklich vorhanden sind, nicht wo man sie gerne gehört haben möchte. Zwar ist es weitherzig genug, bei geduldigem genauen Hinhören Dinge aufzunehmen, die es bei hastiger Arbeit überhört, betrügen läßt es sich aber nicht.

Hat der Lernende die Logik im Melodienbau erkannt (die Folgerichtigkeit der Sekundgänge dürfte er restlos begreifen, über die Verbindung der Zellen und Felder wird er noch einiges erfahren), so darf er nicht glauben, daß sich bei der bewußten Anwendung von harmonischen Feldern und Sekundgängen die Begabung durch Aufmerksamkeit, der Einfall durch geschickte Rechnung ersetzen ließe Eine nach allen Regeln gestrenger Arbeit gemachte Melodie muß noch lange nicht das Gemüt ansprechen — hingegen werden aber in einer überzeugenden Melodie sich stets sinnvolle Harmonie- und Sekundbeziehungen finden. Der Einbau der hier errungenen Erkenntnisse in die eigene erfinderische Arbeit kann ohne alle Gewalt geschehen. Es ist nicht nötig, von jetzt an jede Melodie von vornherein auf Harmoniefelder und Sekundgänge anzulegen; dagegen ist nachträgliches Untersuchen und Verbessern immer von Vorteil. Am besten ist es, Musik aller Art, mit der man täglich zu tun hat, öfter auf ihren Melodienbau zu untersuchen. Schon nach wenigen Versuchen wird man erstaunt sein, wie Schönheit und Folgerichtigkeit durch schöne und folgerichtige Gänge bestätigt werden, wie in schlechter Musik die Plattheit und Unlogik durch platte und unlogische Aneinanderreihung der Sekundgänge, der Zellen und Felder schonungslos offenbart wird. Hat man erst einige Male diese Erfahrung gemacht, so richtet sich die eigene Arbeit ohne Zutun nach dem Ziele logischen Melodienbaues aus. Das Gefühl für den besten und geeignetsten Melodieweg wird mit der Zeit so sicher, daß die Einfälle schon von Anbeginn allen Forderungen melodischer Logik entsprechen.

SECHSTE ÜBUNG
Erweiterte Melodik. Schluß

Den Kapiteln über die Melodieformeln ist noch einiges hinzuzufügen. Es ist noch nicht alles zur Sprache gekommen, was über die schon besprochenen Formeln zu sagen ist, und außerdem gibt es noch einige Formeln, deren Bekanntschaft wir noch machen müssen. Beides wird in der sechsten Übung geschehen. Im Gegensatz zur fünften, die uns mit ihrer Fülle theoretischer Betrachtungen mehr zum Denken anregte als mit praktischem Arbeitsstoff versorgte, werden wir jetzt wieder einer größeren Anzahl von Aufgaben gegenüberstehen.

A
Arbeitsmaterial

Wir gehen wiederum von den zweistimmigen Sätzen Note gegen Note aus, wie sie uns die zweite Übung lieferte. So wie wir diesen Gebilden in der dritten und vierten Übung W, D, V, V und N eingefügt haben, werden wir sie nochmals mit anderen Melodieformeln umspielen.

B
Arbeitsvorgang

Zum Vorhalt ist noch nachzutragen: Es ist von nun an nicht mehr nötig, den V ausschließlich in halben Notenwerten darzustellen. Vorhalte können in allen Werten auftreten, vorausgesetzt, daß die in den Regeln 38 und 40 festgestellten Betonungsverhältnisse gewahrt bleiben.

Der V kann ferner statt nach unten auch nach oben aufgelöst werden; damit wird die Regel 39 hinfällig.

REGEL 49

Löst sich ein in der Oberstimme liegender V nach oben auf, so kann das Auflösungsintervall eine ①, ⑧, ⑤, ③ oder ②\³ sein. In allen Fällen muß die Auflösung durch einen 2- oder 1\²-Schritt geschehen.

Die Formen a, b und k des Beispiels 118 klingen im zweistimmigen Satz reichlich hart, da wir bei nur zwei Stimmen kein Mittel haben, die scharfen Zusammenklänge von ①\³ und ② zu mildern. Gegen ihre Verwendung ist aber nichts einzuwenden. Will man einen Satz ausschließlich auf schönen, ungespannten Klängen errichten, so sind diese VV nicht am Platze.

Diese vier VV fallen unter das Verbot der Regel 24 (①- und ⑤-Parallelen), jedoch nur bei lebhaftem Zeitmaß. In langsamem Tempo läßt der scharfgespannte Klang des V die Parallele nicht zur Auswirkung kommen.

Fälle wie diese sind unter allen Umständen zu vermeiden.

REGEL 50

Vorhalte, die sich in der Unterstimme durch einen 2- oder 1\²-Schritt nach oben auflösen, können eine ①, ⑧, ⑤, ⑤\⑥ oder ⑥ als Auflösungsintervall haben.

AUFGABE 28
Füge in die 2. Stimmen des folgenden Beispiels ⋎⋎ mit aufwärtsschreitender Auflösung ein.

Zwischen den ⋎ und seine Auflösung (gleichgültig, ob diese aufwärts oder abwärts geschieht) können ein Ton oder mehrere eingeschoben werden. Diese Einschiebsel stehen meist im Sekundverhältnis zum ⋎ selbst (a) oder zur Auflösung (b). Bei mehr als einem eingefügten Ton wird entweder der Ton des ⋎ wiederholt werden (c) oder der Auflösungston vorausgenommen werden müssen (d), was für beide eine Schwächung ihrer Kraft bedeutet. Man gebe also, um die Tongruppe ⋎—Auflösung nicht um ihre Wirkung zu bringen, solchen Tönen kleine Notenwerte, zumal dann, wenn sie mit der anderen Stimme einen Zusammenklang der Gruppe A bilden. Enthält die eingefügte Tonreihe einen Sprung, so unterliegt er den in der Regel 29 gegebenen Vorschriften.

Will der Lernende die Bedeutung all der eingefügten Töne feststellen, so wird er die unliebsame Wahrnehmung machen, daß oft mehrere Auslegungen möglich sind. Im vorangehenden Beispiel 123 können z. B. die mit einem + versehenen Noten folgendermaßen gedeutet werden:

a) das d^2 ist ein Einschiebsel zwischen dem V c^2 und seiner Auflösung h^1, hat allerdings wegen seiner günstigen Stellung zur Unterstimme selbständigen Harmoniewert; oder der V c^2 löst sich schon in das d^2 nach oben auf, woraufhin das h^1 als ein vom V unabhängiger Ton das selbständige Intervall ⑥ bilden hilft. Infolge des kurzen Zeitwertes des d^2 ist die erste Auslegung überzeugender;

e) das d^1 ist eine V zur Auflösung des V mit nachfolgendem W (c^1); oder das d^1 kann schon als die Auflösung selbst betrachtet werden, was allerdings wegen seiner sehr schlechten Stellung nicht sehr überzeugend ist.

Diese Mehrdeutigkeit der Melodieformeln, die sich mit der Anwendung der noch folgenden Gattungen keineswegs verringern wird, erschwert zwar den Lauf der betrachtenden Zergliederung. Sie ist aber stets ein Zeichen von Reichtum, Wendigkeit und Schlagkraft der Melodik. Der Schüler muß schon jetzt versuchen, sich mit der Tatsache mehrerer Deutungen abzufinden, er entscheide sich aber bei seinen schriftlichen Arbeiten immer nur für eine einzige und zwar für die, welche am meisten überzeugt. Zum Troste sei ihm gesagt, daß ihm durch die Hilfsmittel, welche ihm die siebente Übung in die Hand gibt, die Wahl nicht allzu schwer gemacht wird.

AUFGABE 29
a) Füge zwischen VV und Auflösungen der 2. Stimmen im folgenden Beispiel einen oder mehrere Töne ein und bezeichne jeden Ton, der nicht mit der Vorlage einen selbständigen Zusammenklang aus der Gruppe A bildet, mit der ihm zukommenden Marke (W, D, V, V, N).

b) In einigen Takten befinden sich keine VV. Welche sind es? Warum sind die betreffenden Tonstufen keine VV?

Da der N, wie wir schon erfahren haben, als ein V ohne Vorbereitung anzusehen ist, gelten die für den V aufgestellten Ergänzungsvorschriften auch für ihn: Er kann sich nach oben auflösen (wobei er die den V-Auflösungen nach oben vorgeschriebenen Zusammenklänge zu erreichen hat); zwischen ihn und seine Auflösung können eingefügte Töne treten, die genau so behandelt werden wie die Einfügungen beim V.

AUFGABE 30
Füge zwischen die NN und ihre Auflösungen in den 2. Stimmen des folgenden Beispiels Töne ein und bezeichne sie wie in der vorigen Aufgabe.

Alle bis jetzt besprochenen Melodieformeln standen, jede in einer anderen Weise, in Sekundbeziehung zu einem Hauptintervall der Zusammenklanggruppe A (einzig der D enthielt die Möglichkeit, durch das Aneinanderreihen mehrerer Sekundschritte dieses enge Band zu dehnen); damit sind allerdings noch nicht alle denkbaren Fälle sekundmäßigen Zusammenschlusses erschöpft. Betrachten wir das folgende Beispiel, so finden wir nochmals zwei Muster, in denen neben einem Zusammenklang der Gruppe A ein schärferer steht (einer aus der Gruppe B oder ein geringwertigerer der Gruppe A), welcher mittels eines Sekundschrittes aus einem befriedigerenden Klange hervorgeht oder in einen solchen mündet. Beide Fälle zeigen Abarten des N, und zwar die Formen a—c den *abspringenden Nebenton* (N'), die übrigen den *anspringenden* (.N).

Für sie gelten folgende Regeln:

REGEL 51
Der N' steht im 1\2- oder 2-Abstand nach einem Zusammenklang der Gruppe A auf schlechter Taktzeit. Der nach ihm folgende Ton darf nur durch einen Sprung erreicht werden.

REGEL 52
Der .N steht auf schlechter Taktzeit nach einem Zusammenklang der Gruppe A, von diesem durch einen Sprung getrennt. Den auf ihn folgenden Ton darf er nur mittels eines 1\2- oder 2-Schrittes erreichen.

Der N' und .N kommen nur bei relativ kurzem Zeitwert zu ihrer eigentlichen Wirkung. Bei zu langer Dauer werden diese Nebentöne wie alle anderen Melodieformeln zu Bestandteilen selbständiger Klänge und müssen dann nach den bekannten Vorschriften behandelt werden; oder sie sind für uns (falls sie zu Intervallen aus der Gruppe B gehören) noch nicht verwendbar. In ihrer gelindesten Form, wenn sie nämlich mit der Gegenstimme Intervalle aus der Gruppe A bilden, verlieren sie selbst bei kleinem Zeitwerte viel von ihrem ausgeprägten Nebenton-Charakter, sie können dann bis zum Verwechseln einer V ähneln. Aber selbst wenn sie ihre Gegenstimme zu den besten Zusammenklängen ⑤ oder ④ ergänzen, ist es empfehlenswert (wenn nicht der Notenwert dagegen spricht), N' und ‚N statt selbständiger Klänge anzunehmen, da die harmonische Zergliederung eines Tonsatzes dadurch bedeutend vereinfacht wird (siehe die diesbezüglichen Erörterungen im Abschnitt über den W in der dritten Übung). Die schärfste Form von N' und ‚N, in der sie ihre Eigenart voll entfalten, zeigt sie als Bestandteil eines Intervalls aus der Gruppe B oder des Tritonus; als solche heben sie die wichtige Sprungregel 29 auf (die im übrigen unverändert weitergilt) und können leicht das feste Gefüge eines Satzes ins Wanken bringen. Bei der Anwendung dieser scharfen, ungedeckten Reizklänge ist demnach einige Vorsicht geboten. Man bringe sie nicht zu häufig an und gebe ihnen stets geringen Zeitwert. N' und ‚N können auch als Bestandteil von Tongruppen auftreten, die zwischen V (oder 'N) und Auflösung eingeschoben werden. Die zwischen V und Auflösung stehenden Töne im Beispiel 123a und b können auf diese Weise als N' bzw. als ‚N angesehen werden.

AUFGABE 31

Versieh die 2. Stimmen des folgenden Beispiels mit ‚N und N' (Vorsicht, ⑧- und ⑤-Parallelen!).

Zum Schlusse folgen noch die beiden Formeln, deren Sekundverbindung zu den Nachbartönen teilweise oder ganz aufgehoben ist Es sind der *betonte* und der *unbetonte freie Ton* (Ḟ und F).

REGEL 53
Der Ḟ steht auf besserer Taktzeit als sein Folgeton (der zu einem Zusammenklang der Gruppe A gehört), ist von kurzem Zeitwerte (wichtig!) und wird mit einem Sprung verlassen. Bei ihm kann wenigstens zum vorangehenden Tone noch eine Sekundbeziehung bestehen.

Beim F ist auch diese verschwunden. Er steht immer auf schlechterer Taktzeit als sein Folgeton (der zu einem Zusammenklang aus der Gruppe A gehört), wird mit einem Sprung erreicht und mit einem Sprung verlassen.

Ḟ und F bilden mit der zweiten Stimme zusammen meist einen Klang der Gruppe B oder den Tritonus.

Der Ḟ ist eine Abart des N, er unterscheidet sich von ihm durch den Sprung, der zwischen dem Ḟ-Tone und seiner „Auflösung" liegt. Der Sprung ist es auch, der den F von einem ͵N und N′ unterscheidet: Man könnte sagen, daß der F aus einem Zusammentreffen von ͵N und N′ entstehe. Vielfach ähnelt er auch einem W; dann nämlich, wenn der ihm folgende Ton der gleiche ist wie der ihm vorangehende. Diese Art des F (es ist diejenige, auf welche in der dritten Übung Seite 58 hingewiesen worden ist) unterscheidet sich von einem springenden W dadurch, daß durch ihn andere Klänge als Dreiklangszerlegungen entstehen.

Ḟ und F heben ebenso wie ᛔ und N' die Sprungregel 29 auf, auch die Regel 30 versagt völlig diesen beiden freien Melodieformeln gegenüber.

Es erfordert einige Geschicklichkeit, diese beiden Formeln so zu verwenden, daß sie den melodischen Tonablauf nicht stören. Zum Glück ist ihre Verwendbarkeit begrenzt — häufige ḞḞ und FF lassen nur schwer das melodische Gleichgewicht aufkommen und sind fast immer mehr charakteristisch als schön — sie verdanken ihre Erwähnung an dieser frühen Stelle des Lehrganges eher dem Bestreben, die Arbeit an den Melodieformeln zu einem vorläufigen Abschluß zu bringen, nicht aber soll damit zu ihrem häufigen Einsatz aufgefordert werden. Der Schüler soll sie deshalb nur dann anwenden, wenn sie sich mühelos in ihre Umgebung einpassen lassen. Außerdem ist zu fordern, daß er in jedem Falle ihrer Einfügung sie genau und eindeutig erklären kann und sie nicht mit anderen Erscheinungen verwechsele.

Bleibt noch zu erwähnen, daß es nicht unbedingt erforderlich ist, die Formeln beiderseitig an selbständige Intervalle der Gruppe A anzuschließen. Wir sahen ja schon mehrere aufeinanderfolgende DD freie Strecken zwischen „guten" Tönen ausfüllen, ferner befreien die aus DD und NN gemischten tonleiterhaften Melodieführungen und auch die zwischen V (N) und Auflösung eingeschobenen Töne sich mitunter aus der engen Klammer der sie umgebenden A-Intervalle. Es gibt noch weitere Fälle, in denen verschiedene Formeln sich eng aneinanderlehnen: Häufig mischen sich WW mit dem N, N' oder ᛔ;

DD erscheinen in enger Verbindung mit dem N';

꜕N und ꜖N folgen unmittelbar aufeinander.

Wenn schon der ꜖N, noch mehr aber N', ꜕N, F̓ und F, jeder für sich allein das klare Melodie- und Klanggebäude unserer zweistimmigen Stückchen unter Umständen in heftiges Schwanken versetzen können, ist es verständlich, daß bei einer Häufung von Formeln die Gefahr völligen Absinkens in die Undeutlichkeit, in den unkontrollierbaren Tonmorast heraufbeschworen wird. Der Lernende wird darum angehalten, Mischungen von Formeln nur so weit anzuwenden, als er sie befriedigend erklären kann.

Wir haben nunmehr sämtliche möglichen Melodieformeln besprochen. Die Bedingungen, welchen wir durch unsere strenggeführte Art des zweistimmigen Satzes unterworfen sind, gelten nicht für alle Satzarten. Wir werden in einer komplizierteren, mit widerspenstigerem Material arbeitenden zweistimmigen Setzweise und besonders im drei- und mehrstimmigen Satz sehen, wie zwar die Formeln ihr Wesen nicht verändern, wie sie aber einer anderen Umgebung sich anzupassen verstehen.

C

Musterbeispiele

AUFGABE 32
Erkläre die Melodieformeln der nachstehenden Beispiele und füge ihnen die Zeichen W, D, V, V̓, ꜖N, N', ꜕N, F̓ und F bei.

AUFGABE 33

Nimm die unverzierten 2. Stimmen vorstehender Beispiele und belebe sie durch Einfügung von Melodieformeln auf andere als die hier geschehene Weise. Füge jeder Formel das ihr gebührende Zeichen bei.

AUFGABE 34

Nimm die Ergebnisse aus den Aufgaben der zweiten Übung und füge ihren 2. Stimmen Melodieformeln ein. Bezeichne sie.

AUFGABE 35

Erfinde neue zweistimmige Sätze Note gegen Note und versieh ihre 2. Stimmen mit Melodieformeln. Bezeichne sie.

SIEBENTE ÜBUNG
Tonale Zusammenschlüsse

In den letzten vier Übungen haben wir uns für die Erkenntnis der Tätigkeit melodischer Kraft so viel Raum gegönnt, daß es allein der Abwechslung halber vorteilhaft wäre, sich in der siebenten Übung wieder mehr den harmonischen Geschehnissen zuzuwenden. Wir sind aber überdies hierzu gezwungen, da wir an einem Punkte angelangt sind, wo wir das Wirken des melodischen Elementes im zweistimmigen Satze nur dann weiter und bis zu Ende verfolgen können, wenn wir neue harmonische Erfahrungen zur Hilfe aufrufen. Wir berühren den Fleck, wo die aus verschiedenen Richtungen drängenden Kräfte, die harmonische und die melodische, ihr Fadengespinst zu so engen Maschen ineinanderlegen, daß wir zugleich die eine Fadenbahn im Zuge der anderen mitreißen, wenn wir die Fäden des Gewebes auf ihre Beschaffenheit untersuchen. Fördern wir die harmonischen Erkenntnisse, so entdecken wir damit auch neue Lehren für den Melodienbau, wie wir umgekehrt die bislang eroberten melodischen Erfahrungen wiederum der harmonischen Satzarbeit dienstbar machen.

A
Arbeitsmaterial

1. Auch die Untersuchungen und Aufgaben der siebenten Übung stützen sich auf den nun schon wohlbekannten Linien- und Zusammenklangvorrat. Es sind immer wieder die zweistimmigen Sätze Note gegen Note, das Ergebnis der zweiten Übung, von dem wir ausgehen.

2. Hinzu kommt allerdings eine wichtige Erweiterung. Wir wollen uns eine noch nicht erwähnte Eigenschaft der Töne nutzbar machen, zu deren Erklärung ich ein wenig ausholen muß, um sie auch demjenigen Lernenden verständlich zu machen, der sich nur ungern aus unserem sicheren Bezirke leicht wahrnehmbarer, ebenso leicht einzuordnender und vor allem eindeutiger Tonbeziehungen hinwegbegibt. Eine Quinte war für uns bisher ein unabänderlicher, beziehungsloser Begriff, gleichviel auf welchem Grundton dieses Intervall stand, gleichviel ob es als 5-Schritt oder als ⑤-Zusammenklang auftrat. Und ebenso verhielt es sich mit allen anderen Intervallen. Wir haben sie, um sie für unseren Gebrauch zu ordnen, in der Zusammenklangtabelle der dritten Übung so aufgereiht, daß sie alle auf dem gleichen *Baßton* (c) standen, wir hätten sie ebenso gut in einer anderen Reihenfolge ordnen können, etwa $\begin{smallmatrix} a^1 & H & d^2 & ces^1 & d^2 \\ d^1 & Fis & b^2 & es & h^1 \end{smallmatrix}$ usw., die Wertgruppierung ⑤, ④, ③ usw. wäre die gleiche geblieben. Den Beginn einer dritten Anordnung sahen wir im Arbeitsmaterial der zweiten Übung; dort hatten alle A-Intervalle den gleichen *Grundton*. Ein kleines Gleichnis soll uns die Bedeutung dieser verschiedenen Intervallreihen erkären.

Jeder von uns kennt Menschen, um die in unserem Bewußtsein ein gemeinsamer Vorname ein leichtes Band lockerer Zusammengehörigkeit schlingt. Die selbständigen, von einander unabhängigen Wesen werden in unterschiedliche Gruppen der Namen Peter, Johann, Marie und andere zusammengefaßt, ohne daß sich ein Glied solcher Gruppe dadurch änderte oder in seinen Beziehungen zu seiner Umgebung beeinflußt würde. Genau so die einzelnen Quinten, Terzen usw. aller Höhenlagen, zusammenklingend oder aus Tonschritten entstehend. Sie sind die Personen des klingenden Musikgeschehens; jede von ihnen hat ihre eigene Gestalt, ihre besonderen Eigenschaften und will auf die ihr zukommende Weise verarbeitet werden. Ihr Eigenwesen als Quinte, Terz usw. läßt sie anderen, auf sämtlichen erdenkbaren Tonstufen stehenden Quinten, Terzen usw. ähnlich erscheinen, sie sind durch nichts als diese äußere Ähnlichkeit miteinander verbunden. Die zahlreichen Peter, Johann, Marien können unter sich jedoch durch mannigfache Querverbindungen verknüpft sein: geschäftliche Tätigkeit, gemeinsame Bedürfnisse und Ziele, Freund- und Liebschaften können sie zu neugeschichteten Gruppen zusammenfassen — so wie ein gemeinsamer Baßton die verschiedensten Intervalle auf eine gemeinsame Ebene zwingt. Und nun noch die stärkste Bindung, der eine Person unterworfen ist: die Familienzugehörigkeit. Alle die erwähnten Peter, Johann und Marien haben Eltern, Geschwister und sonstige Verwandte mannigfachen Namens und Aussehens. Wir können nicht nach Sinneneindrücken Art und Grad ihrer Verwandtschaft beurteilen, und selbst bei Menschen, deren engen Verwandtschaftsgrad wir kennen, sehen wir in ihren Taten und Reden nichts, was auf das Wesen einer so starken Bindung hinwiese. Und doch wissen wir, daß sie besteht und mit ihrer Kraft die Menschen zusammenhält, ohne sie um Meinung und Einverständnis zu fragen.

Im Bereiche der Intervalle entspricht der Familienzugehörigkeit der Menschen die Beziehung auf einen gemeinschaftlichen Grundton. Er ist der Stammton, der Vater, um den sich die Intervalle scharen wie eine weitverzweigte Familie von Kindern, Enkeln und Urenkeln. Die verwandtschaftliche Kraft, die vom gemeinsamen Grundton ausströmt und Intervalle aller Größen und Art zusammenzwingt, die den Lauf der Klänge regelt ohne selbst jemals unmittelbar gehört zu werden, ist weder der melodischen noch der harmonischen Kraft wesensgleich, die in den Tonverbindungen wirkt, noch ist sie als eine Summierung aller durch diese Kräfte hervorgerufenen Spannungen anzusehen — obwohl sie häufig zumal mit der harmonischen Kraft verwechselt worden ist und in der Tat auch leicht verwechselt werden kann. Über allen anderen Kräften herrscht die Kraft des gemeinsamen Grundtons, in allen Tonabläufen spürt man die Wirkung des geheimnisvollen, verborgenen Ferments: der *tonalen Bindung*. Sie ist so alldurchdringend, daß es uns nie gelingen würde, sie zu unterdrücken. Wir können Tonreihen erfinden, in denen sie zurückgedrängt erscheint, wir können sie verschleiern, falsch anwenden oder mißhandeln, aber auslöschen können wir sie nicht. Gelänge es uns, sie an der einen Stelle unbemerkbar zu machen, so würde sie an einer anderen umso stärker ihre Herrschaft ausüben. Wir können mit Ballons und Flugzeugen noch so hoch fliegen und uns einreden, der Erde zu entfliehen, trotzdem wird die Kraft der Erdanziehung uns immer wieder zum Boden hinabzwingen. Die tonale Bindekraft ist nichts weiter als die Schwerkraft in ihrer äußerst verfeinerten Form.

Wie sieht das Oberhaupt einer tonalen Familie aus, und auf welche Weise beherrscht es seine Untertanen? Denken wir uns das C als tonalen Hauptton einer Gruppe,

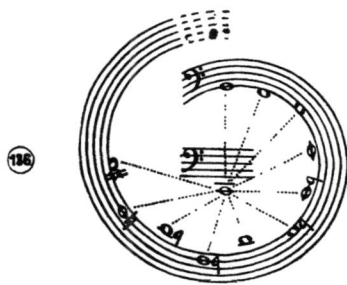

so ordnen sich die übrigen Töne der chromatischen Tonleiter in dieser Reihenfolge ihm unter: G F A E Es As D B Des H Fis (Ges). Andere Haupttöne als C herrschen über andere Reihen, welche Transpositionen dieser Modellreihe sind.

Ich kenne den Einwand, der von jedem Leser und von jedem Lernenden prompt auf diese Feststellung folgt: „Das kennen wir schon; es ist die Reihe der Zusammenklangintervalle mit geringfügigen Änderungen im Gebiete der Terzen und Sexten." Gänzlich falsch! Es handelt sich hier überhaupt nicht um Zusammenklänge; wer bis jetzt nicht erkennt, daß die handfesten Materialbrocken der zusammen- und nacheinanderklingenden Intervalle mit den abstrakten Verwandtschaftsbeziehungen der Töne nur so weit verwandt sind als unsere für derartige Feinheiten unzureichende Notenschrift sie in ähnlichen Bildern darzustellen gezwungen ist, der sollte sich, ehe er weiterschreitet, unbedingt in die ihm fremde Anschauung einzuleben versuchen. Vielleicht gelingt ihm das eher, wenn er sich die Intervalle und ihre Werte als körperliche Größen verschiedener Wertabstufungen vorstellt (Würfel, Münzen), die Verwandtschaftsbeziehungen aber als mathematische oder chemische Formeln. Das in unserer Modellreihe notierte G stellt also im Verhältnis zum C weder einen ⑤-Klang noch einen 5-Schritt dar, sondern ist ausschließlich der Ausdruck der Verwandtschaftsbeziehung, des Anziehungsgrades, in dem ein Ton im Quintabstand zu einem tonalen Hauptone steht. Alle Töne dieser Reihe, in welcher Weise sie auch einander folgen mögen, werden vom Ohre immer wieder auf den beherrschenden Hauptton C bezogen, sofern man ihm Gelegenheit gibt, seine Bindekraft auszuüben. Wir hören nun also nicht mehr allein Intervallschritte und Zusammenklänge, sondern spüren, wie eine Art magnetischer Kraft sie nach einem gemeinsamen Mittelpunkte ausrichtet. Das beherrschende C schimmert, solange wir uns in dem Bereiche seiner ihm zugehörigen Verwandtschaftsreihe bewegen, ständig durch alle Tonverbindungen, sie bekommen erst durch diesen tonalen Zusammenhalt harmonischen Sinn. Es wäre ohne weiteres möglich, die Verwandtschaftsbeziehungen des C vom G an fortschreitend über den letzten Ton Fis (Ges) hinaus weiterzuverfolgen. Wir bekämen damit aber nur Töne, welche geringfügige Abweichungen von besseren Verwandtschaftsgraden darstellen würden (Fes, Gis, Dis usw.). Das würde unser Arbeitsmaterial vermehren, ohne uns verwertbaren Gewinn zu bringen. Wir setzen daher statt solcher weit oder garnicht Verwandter stets die einfacheren Verwandtschaftsbeziehungen ein. (Näheres hierüber siehe im „Theoretischen Teil".)

Die Herrschergewalt des Stammtones erschöpft sich nicht damit, die einzelnen Töne seiner Verwandtschaftsreihe zusammenzufassen. Er zieht auch alles in seinen Bann, was sich über diesen ihm zugehörigen Tönen aufbaut: das, was wir in der zweistimmigen Arbeit verwenden können, die auf einem Grundton sich aufbauenden Zusammenklangintervalle; für den mehrstimmigen Satz die Akkorde aller Art mit beliebig viel Stimmen. Ein solches Zusammenleben und -wirken einer Tonfamilie, bezogen auf einen Stammton, einen tonalen Mittelpunkt, erzielt das, was man gemeinhin eine „Tonart" nennt. Der Begriff Tonart ist aber so wenig umfassend, daß er nur mit Hilfe komplizierter Umdeutungen, Alterationen und Transpositionen das weite Gebiet begreift, welches durch unsere Verwandtschaftsreihe von vornherein einem Stammtone unterstellt ist. Wir sprechen darum lieber von „Tonalität", wenn wir den gesamten Verwandtschaftsverband von Tönen meinen mit allem, was sich über ihnen aufbaut, und nennen den Stammton einer tonalen Familie den „tonalen Mittelpunkt". Er bekommt das Zeichen ⊖.

Die Reihe der Tonverwandtschaften ist eine Wertreihe (ebenso wie die Reihe der zusammenklingenden Intervalle mit ihren Wertgruppen A und B). Je näher eines ihrer Glieder dem Stammtone liegt, umso näher ist es mit ihm verwandt, umso stärker tritt bei seinem Auftreten die bindende Kraft dieser Verwandtschaft im ausgeführten tönereichen Satze zutage. Der erste Verwandtschaftsgrad ist kraft seiner engen Familienbindung die stärkste Stütze und Bestätigung des Stammtones, er besitzt aber auch soviel Eigenkraft, daß er am leichtesten von allen Verwandten sich selbständig macht und eine eigene Tonfamilie gründet, wenn man ihn nicht zur Unterstützung des Stammtones zwingt. Wegen seiner hervorragenden Stellung in der Tonfamilie heißt dieser erste Verwandte „Dominante"; wir geben ihr das Zeichen ♂.

Der nächste Verwandte steht schon in weniger starker Bindung zum ⊖, immerhin ist auch er noch eine so kräftige Stütze der Tonfamilie, daß er den Namen „Unterdominante" führt (Bezeichnung ♀). Nach der Unterdominante sinkt der Verwandtschaftswert immer mehr ab bis zum letzten Punkt der Reihe, dem im Tritonusabstand zum Stammtone stehenden Verwandten, wo die Bindung nur noch sehr locker ist und nur wahrgenommen wird, wenn man sie besonders hervorhebt.

Diese Andeutungen genügen, um das Wesen der Tonalität deutlich zu machen. Es läßt sich noch viel darüber sagen, insbesondere über ihren inneren Ausbau und über die wichtige Aufgabe, die dabei den Terzverwandtschaften und den Leitetönen zufällt. In dem beschränkten Umkreise des zweistimmigen Satzes kommen wir jedoch mit den einfachen tonalen Gruppierungen aus, umsomehr als die Regeln über Stimmenläufe und Zusammenklänge uns hindern, gegen Sinn und Inhalt tonaler Bindung zu handeln.

Wir geben von nun an der Reihe absteigender Verwandtschaftswerte, die sich um einen tonalen Mittelpunkt windet, wegen ihrer über allem Harmoniegeschehen waltenden Bindekraft, wegen ihrer grundlegenden Wichtigkeit für die Klangabläufe eines Tonsatzes den Namen *Reihe 1*. Die ihr untergeordnete, von ihr geregelte und befohlene Reihe absteigender Zusammenklangwerte, die uns mit ihren beiden Intervallgruppen A und B längst geläufig ist, soll von nun an, um die Abhängigkeit von der Wertordnung der Verwandtschaftsreihe deutlich zu machen, den Namen *Reihe 2* führen.

Merke also:

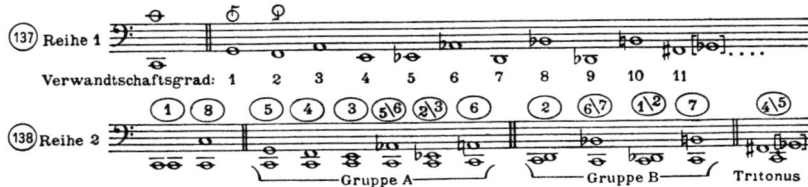

AUFGABE 36
Notiere von verschiedenen tonalen Haupttönen aus (As, H, Fis usw.) die zugehörigen Reihen 1.

B

Arbeitsvorgang

Es gilt nunmehr, in unseren zweistimmigen Stücken nach den tonalen Bindungen zu suchen. Obwohl es bei einiger Übung nicht schwer ist, aus dem gesamten Klangablauf eines unserer kleinen Stücke schon durch Beurteilung des oberflächlichen Gehöreindruckes den tonalen Haupton namhaft zu machen (das „Feststellen der Tonart", wie dieser Vorgang in den Aufgaben der früheren Harmonie- und Kontrapunktlehren hieß), so wollen wir uns auf diese gefühlsmäßige Deutung tonaler Vorgänge doch nicht verlassen. Einmal, weil schon in unserem kleinen Kreise setzerischer Möglichkeiten Fälle vorkommen können, die nicht so eindeutig sind, daß sie vom bloßen aufnehmenden Hören restlos zu deuten wären; zweitens aber, weil die Fähigkeit des äußeren Ohres, tonale Zusammenhänge zu bestimmen, leicht versagt, besonders wenn ihm Klangabläufe vorgesetzt werden, mit denen es absichtlich getäuscht werden soll; und drittens, weil eine kompliziertere Satztechnik sich gerne feinerer und geistvollerer Anwendungsformen der Verwandtschaftsbeziehungen bedienen wird, die dem äußeren Ohre vielleicht wenig sagen, dafür aber den im tieferen Ohre wirkenden Sinn für das Gleichgewicht bewegter Massen schärfer ansprechen und sich damit an eine höhere Form des Hörens wenden.

Wollen wir die tonalen Beziehungen der Klangabläufe erkennen, so müssen wir die Grundtöne der Einzelklänge befragen, da sie uns über Art und Wert des Klanges die aufschlußreichste Antwort geben. Ziehen wir aus einem der früheren zweistimmigen Beispiele die Grundtöne heraus (wobei wir, um eine weniger stark gebrochene Linie zu erhalten, getrost Oktavtranspositionen vornehmen können, siehe den 7. Klang dieses Beispiels),

so erhalten wir eine Tonfolge, die teils aus Tönen der unteren, teils aus solchen der oberen Stimme besteht. Wir nennen eine solche, aus den Grundtönen der Klänge gebildete Stimme *Stufengang*. Da bei zwei Stimmen der Grundton eines Klanges nur zwei Lagemöglichkeiten hat, kann der Stufengang eines zweistimmigen Satzes keine große Selbständigkeit entfalten. Im äußersten Falle der Unselbständigkeit kann er als getreue Wiederholung einer der beiden Stimmen auftreten (mit Ausnahme eines einzigen Tones tut er es in unserem Beispiele 139), er kann aber auch fortwährend aus einer Stimme in die andere springen, wobei durch die Zusammenlegung in eine möglichst wenig zerrissene Linie die über eine 5 hinausgehenden Sprünge zu ihren Umkehrungen, nämlich zu 3-, 2\3- usw. Schritten werden. Der Stufengang ist als das Urgeschehen eines klingenden Satzes anzusehen. Er führt uns deutlich vor Augen, daß auch hinter den harmonischen Vorgängen immer das schrittmäßige Vorangehen, die Regelung durch melodische Erscheinungen steht, daß also alles klangliche Geschehen zutiefst auf dem natürlichen Grunde melodischer Bewegung verankert ist.

REGEL 54
Alle harmonischen Abläufe lassen sich auf eine melodische Linie zurückführen, die aus den Grundtönen der einzelnen Zusammenklänge gebildet wird (Stufengang).

AUFGABE 37
Ziehe aus den zweistimmigen Aufgaben der zweiten Übung die Stufengänge heraus.

Der Stufengang ist eine Melodie nach Art unserer in der ersten Übung gebauten Melodievorlagen. Diese sind also, da der Stufengang sich aus allen, selbst den gewagtesten und geklügeltsten vielstimmigen Zusammenklangfolgen in gleicher Einfachheit und Eindeutigkeit herausziehen läßt, als der sichtbar gewordene Urgrund aller Klangvorgänge anzusehen. Allerdings unterscheidet sich der Stufengang in Kleinigkeiten von einer Melodievorlage, da er ja anderen Zwecken dient und vor allem ein Extrakt aus der klingenden, sich in der freien Wirklichkeit abspielenden Musik ist, während unsere Melodievorlagen in ihrer bis aufs letzte destillierten Reinheit und „Keimfreiheit" kaum noch etwas mit lebendiger Musik zu tun haben. Der Stufengang läuft nicht mit dem unabänderlichen Willen zu unnachgiebiger Linienführung ab, den die Melodievorlage besitzt. Er drückt in weit stärkerem Maße als diese die Bindung an einen ⊖ aus und benützt hierfür Mittel, die den Lauf einer Vorlage stark hemmen würden, die aber durch eben diese bremsende Wirkung sich sehr gut eignen, bestimmte Töne (Mittelpunkt, Dominanten) festzulegen. Es sind dies: Tonwiederholungen; Wechseltöne und überhaupt mehrmals wiederkehrende Töne; unter Umständen Sequenzen und Dreiklangsbrechungen; längere Folgen von Sekundschritten (dabei jedoch einstweilen keine Chromatik); längeres Beibehalten der Bewegungsrichtung. Brechungen von Tritonusakkorden sind bis auf die noch zu erwähnende Ausnahme zu vermeiden.

Sehen wir daraufhin den Stufengang unseres Beispiels 139 an! Ein zweimaliges Auftreten der Tongruppe b—a (Töne 6—9) wäre wegen ihrer melodischen Belanglosigkeit in einer Melodievorlage unmöglich gewesen; hier hingegen ist sie nicht nur geduldet, sondern erwünscht (sie dient nämlich dazu, die ☉ und mit ihrer Hilfe den ⊖ d festzulegen). Der Stufengang ist demnach als eine Vorstufe melodischen Lebens, als ein vor der Geburt der Melodie vegetierendes, noch nicht zu selbständiger Linienentwicklung gelangtes Urgebilde melodischer Bewegung anzusehen. Andrerseits besitzt er aber eine Beweglichkeit, die den Melodievorlagen nicht eignet; er ist in seinem rhythmischen Verlaufe gänzlich von den über ihm sich abspielenden Klängen abhängig und bedient sich daher ebenso wie diese aller Notenwerte. Ein selbständiges melodisches Leben wird man trotz allem vom Stufengang nicht verlangen wollen, denn er soll ja weder durch Schönheit und Ausdruckskraft, noch durch interessante Linienführung wirken. Er dient ausschließlich zur Überprüfung des Wertes harmonischer Abläufe; ist er ein übersichtliches, gut gebautes und folgerichtig entwickeltes Liniengebilde, so müssen die Harmoniefolgen ebenfalls überzeugen (nur die Harmoniefolgen! Anderen Satzfehlern und -Ungeschicklichkeiten ist damit kein Riegel vorgeschoben). Die Güte und Folgerichtigkeit des Stufenganges können wir trotz der gemachten Einschränkungen an dem Maße erkennen, in welchem er unseren strengen Forderungen für den Bau der Melodievorlagen entspricht.

Der Stufengang ist die praktische Auswirkung der Verwandtschaftsgesetze, wie sie in der Reihe 1 niedergelegt sind. Soll ein harmonischer Ablauf verständlich sein, so muß sich sein Stufengang unter übersichtlicher Benutzung der Verwandtschaftsverhältnisse auf einen tonalen Stammton beziehen.

REGEL 55
Der Stufengang gruppiert sich um einen ⊖, dieser wird bestimmt
a) durch mehrfaches Auftreten eines Tones,
b) durch Stützung mit seiner ☉, in zweiter Linie mit seiner ♀.

Bei alleiniger Stützung durch die ♀ besteht die Gefahr, daß der sie vertretende Stufengangton die Oberhand gewinnt und sich zum ⊖ aufschwingt, indem er sich des ursprünglichen ⊖ als seiner stützenden Dominante bedient. Der beabsichtigte ⊖ muß also eine genügende, die Kraft der ♀ ausgleichende, anderweitige Verstärkung erfahren. Die Verwandtschaftstöne, welche in der Reihe 1 nach der ♀ folgen, haben in unserem zweistimmigen Satz als Stützung des ⊖ nur geringe Bedeutung; es genügt darum, wenn wir sie einstweilen einfach als Bestandteile des melodischen Stufengangablaufes verwenden.

REGEL 56
Dem Anfangs- und dem Schlußtone eines Stufenganges kommt besondere Bedeutung zu. Das formale Gewicht beider ist für den tonalen Zusammenhang noch wichtiger als die Bestätigung des ⊖ durch innerhalb des Ganges mehrfach auftretende gleiche Töne.

Deshalb soll in unseren zweistimmigen Übungen der Anfangston des Stufenganges stets derselbe sein wie der Schlußton. Der Stufengang ist so einzurichten, daß diese beiden Töne den ⊖ bilden.

In unserem Beispiel 139 sehen wir im Stufengang den Ton d^1 dreimal vorkommen, auch das b kommt dreimal vor. Da das d^1 aber in der hervorstechenden Funktion als Anfangs- und Schlußton auftritt, ist es wichtiger als das b und ist deshalb der ⊖ des Stufenganges und damit des über ihm sich erhebenden Klanggebäudes: Das Stück steht in d^1. Die beiden a (Töne 7 und 9 des Beispiels) als Doppelauftritt des dem d^1 nächstverwandten Tones sind für den ⊖ die kräftigste ♂-Stütze, und sie selbst sind wiederum durch die zwar fernverwandten, aber gute melodische Dienste leistenden beiden b (6 und 8) gestützt.

Der ⊖ des Beispiels 140 ist f, da im Stufengang dieser Ton als Anfang und Schluß auftritt und durch ☉ (Ton 2 des Beispiels) und ♀ (Ton 8) bestärkt wird. Der dreimal vorkommende Ton a kommt nicht gegen ihn auf, da er ungünstiger steht und weder durch seine ☉ noch ♀ gestützt ist.

Im Beispiel 141 ist f ebenfalls der ⊖, bestens gestützt durch seine ♀. Dieses Beispiel lehrt uns etwas Neues:

REGEL 57
Der Tritonusschritt kann im Stufengang vorkommen, wenn er als Bestandteil einer Sequenz auftritt (Beispiel 141, Töne 2 und 3) oder einer seiner Töne als Nebenton eines 5- oder 4-Schrittes erscheint.

Im Beispiel 141 sehen wir in den letzten drei Tönen des Stufenganges eine besonders wichtige und wirksame Tonfolge. Durch sie wird der ⊖ außerordentlich deutlich festgelegt. Sie ist eine formelhafte Wendung, deren es — ebenso wie in melodischen Abläufen die Melodieformeln — für die Anlage von Stufengängen und damit für die in ihnen ausgedrückten harmonischen Geschehnisse eine Anzahl gibt. Sie sind wegen der Entschiedenheit, mit der sie den ⊖ festlegen, hauptsächlich zur Herstellung der Schlüsse geeignet; wir nennen sie *Kadenzen*. Eine Kadenz besteht im Stufengang aus mindestens drei Tönen, wovon der letzte stets der ⊖ ist. Die anderen beiden streben auf diesen Schlußton zu. Für die Schlußwirkung einer Kadenz ist das Verwandtschaftsverhältnis ihrer drei Stufengangtöne von größter Wichtigkeit. Geht dem ⊖ seine ☉ voraus und steht vor dieser die ♀ des ⊖ oder auch ihre eigene ☉, so erzielt man die stärkstmögliche Kadenz:

Je mehr sich der vorletzte Kadenzton verwandtschaftlich vom ⊖ entfernt, umso schwächer wird der allerletzte Schlußfall; die Kraft des Kadenzbeginns hingegen ist aufs engste von der Verwandtschaftsbeziehung abhängig, die den drittletzten Stufengangton mit den beiden anderen verbindet. Durch das Ausspielen dieser Verwandtschaftswerte zwischen den drei Kadenztönen lassen sich die unterschiedlichsten Schlußformeln aufbauen. Außer der vorerwähnten, sehr genau und ohne jeden Umweg auf ihr Ziel hinstrebenden Kadenz ℗ ♂ ⊖ gibt es solche, die sehr matt beginnen und dann plötzlich sehr heftig zum Schlußtone abstürzen, wie diese:

Oder andere, die mit der vollen Kraft eines 5-Schrittes abwärts (oder eines 4-Schrittes aufwärts) den vorletzten Ton erreichen, um von da mit einem matten, kraftlosen Harmonieschritt zum Schlußton zu gehen:

Hier sehen wir alle Möglichkeiten der Kadenzierung mit der ♂ vor dem ⊖:

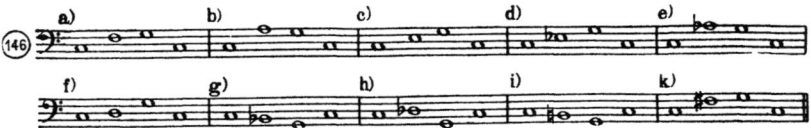

Um den ⊖ deutlicher erkennbar zu machen, bilden wir zur Übung die Kadenzen aus vier Tönen, wovon der erste und letzte gleich sind. Die Tonalität wird durch dieses zweimalige Auftreten des ⊖ dem Lernenden unmißverständlich vor Augen geführt.

AUFGABE 38

Schreibe nach derselben Weise:
a) auf dem ⊖ Es alle Kadenzen, welche die ℗ vor dem Schlußton bringen,
b) auf dem ⊖ Fis alle Kadenzen mit dem 3. Verwandtschaftston vor dem Schlußton,

c) auf dem ⊖ H alle Kadenzen mit dem 4. Verwandtschaftston vor dem Schlußton,
d) auf dem ⊖ Des alle Kadenzen mit dem 5. Verwandtschaftston vor dem Schlußton,
e) auf dem ⊖ A alle Kadenzen mit dem 6. Verwandtschaftston vor dem Schlußton,
f) auf dem ⊖ F alle Kadenzen mit dem 7. Verwandtschaftston vor dem Schlußton,
g) auf dem ⊖ As alle Kadenzen mit dem 8. Verwandtschaftston vor dem Schlußton,
h) auf dem ⊖ B alle Kadenzen mit dem 9. Verwandtschaftston vor dem Schlußton,
i) auf dem ⊖ G alle Kadenzen mit dem 10. Verwandtschaftston vor dem Schlußton.

Den Kadenzen, die vor dem Schlußton den 11. Verwandtschaftston zeigen, gehen wir einstweilen noch aus dem Wege.

Die Kadenz ist ein Satzmittel, in welchem die harmonische Kraft sich mit der rhythmisch-formalen aufs innigste verbindet. Diese beiden Kräfte verfolgen rücksichtslos ihr Ziel, indem sie alle anderen Kräfte und Bestrebungen in den Hintergrund drängen. Es ist zumal die melodische Kraft, die ihnen weichen muß. Darum kann in den Kadenzen auf die Forderungen sorgfältigster Stimmführung nicht immer Rücksicht genommen werden. Wir sahen schon, daß bei Abschlüssen verdeckte ⑧- und ⑤-Parallelen, die im freilaufenden und nicht kadenzierenden Satz von übler Wirkung sind, vorteilhaft werden (Regel 26). So ist es auch mit anderen Satz„fehlern". Im 3- und mehrstimmigen Satz kann die Kadenz so scharf zupacken, daß alle Stimmführungsregeln hinfällig werden. Uns genügt es jedoch vorderhand, durch einige Erleichterungen den Kadenzen zu ihrem Rechte zu verhelfen. Wir gestatten uns darum in den Stufengängen der dreitönigen Kadenzen: Brechungen von Tritonusakkorden; verminderte und übermäßige Schritte zum Erreichen des ersten Tones von drei Kadenztönen, ebenso verminderte und übermäßige Schritte zwischen dem ersten und zweiten Kadenzton. Voraussetzung bleibt natürlich immer, daß der darüberliegende zweistimmige Satz seinen Regeln getreu verläuft.

Man trifft oftmals auf die Behauptung, daß alles harmonische Geschehen nichts weiter sei als eine auseinandergezogene Kadenz. Sie ist, wie alle derartigen Aussprüche, nur zum Teil wahr. Immerhin ist die Kadenz ein so wichtiger Bestandteil im Vorrat der Satzmittel, daß man mit der Aneinanderreihung mehrerer Kadenzen schon ganze Stücke harmonisch ausfüllen kann, und außerdem ist sie in ihrer formelhaften Festigkeit ein zuverlässiges Architekturglied, das immer bei der Hand ist, das selbst schwierigen und ungehobelten Satzstrecken immer wieder zur Rundung verhilft, auf das sich vor allem der Lernende stets stützen und verlassen kann. Darum wird hier, obwohl im zweistimmigen Satz eine Kadenz nicht bis zur völligen Klang- und Harmoniewirkung entfaltet werden kann, den Kadenzierungen mittels des Stufenganges ein verhältnismäßig breiter Raum gegönnt.

AUFGABE 39

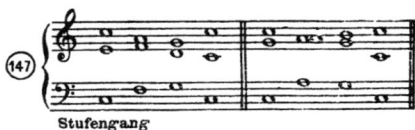

Stufengang

Nach den vorstehenden Mustern (es sind die zweistimmigen Formen a und b der Kadenzen des Beispiels 146) setze zu den Stufengang-Kadenzen der vorigen Aufgabe einen dazugehörigen zweistimmigen Satz. Es genügt, wenn von den Teilaufgaben a bis i lediglich je die ersten beiden Kadenzen ausgearbeitet werden. Bei der zweistimmigen Ausführung ist es dieses Mal nicht nötig, zwischen Vorlage und 2. Stimme zu unterscheiden. Das Schlußintervall jeder Kadenzierung soll als Abschluß eines zweistimmigen Satzes angesehen werden können, hat also die bekannten Schlußregeln zu befolgen. Das Anfangsintervall hingegen wird so behandelt, als ob es im Verlaufe eines Satzes aufträte, darf also als ④, ⑤\⑥ oder ⑥ erscheinen.

AUFGABE 40

Lege Stufengänge in ganzen Noten an (ohne sie zweistimmig auszusetzen), deren ⊖ mindestens durch den Anfangs- und

Schlußton festgelegt wird und schließe sie mit einer dreitönigen Kadenzierung ab.

Zur Kadenz ist noch zu bemerken, daß sie auch aus mehr als nur drei Tönen bzw. Harmonien bestehen kann. Das geschieht in größeren Satzanlagen als den unseren dann, wenn das Zuendegehen eines Teilstückes nach einer ausgedehnten Schlußbestätigung verlangt. Eine solche längere Kadenz rückt mit der Vermehrung ihrer Stufengangtöne von ihrer vorwiegend harmonischen Bedeutung zu immer stärkerer formaler Funktion auf (deren technische Bewältigung wir in der vorliegenden Arbeit allerdings noch nicht erstreben), trotzdem wird aber auch in ihr immer eine der dreitönigen Stufengangfolgen, wie wir sie in der Aufgabe 38 kennengelernt und geübt haben, den Abschluß bilden. Wir beschränken uns darum auch fernerhin auf diese dreitönigen Kadenzen.

AUFGABE 41
Verarbeite die Stufengänge der Aufgabe 40 zu zweistimmigen Sätzen Note gegen Note.

C
Musterbeispiele

Zum Abschluß der Arbeit mit einfachen Stufengängen bleibt uns nur noch übrig, die Gänge aus Sätzen herauszuziehen, deren eine Stimme durch Melodieformeln bewegt ist. Das bietet keinerlei Schwierigkeit, wenn wir zunächst feststellen, welches in der bewegten Stimme eines zweistimmigen Satzes die Melodieformeln sind.

Diese haben, da sie ja als Zutaten außerhalb der Hauptzusammenklänge stehen, keine Bedeutung für die Berechnung des Stufenganges, bleiben also unberechnet. Daraus ergibt sich folgende Regel:

REGEL 58

Stufengang und Bezeichnungen der Melodieformeln schließen einander aus. Jeder Ton, der nicht mit einer Formelbezeichnung versehen ist, gehört zu einem selbständigen Intervall, dessen Grundton im Stufengang aufzutreten hat.

Es wird jetzt verständlich, inwieweit es vorteilhaft ist, sich in mehrdeutigen Fällen, statt allzu viele selbständige Intervalle anzunehmen, sich der erleichternden und abkürzenden Rechnung mit N, N', .N und anderen Formeln zu bedienen. Der Stufengang erhält damit einen vereinfachten rhythmischen Verlauf, wodurch wiederum seine harmonischen Verhältnisse einfacher und übersichtlicher werden. Der Stufengang des obigen Beispiels sieht demnach so aus:

(149) 

AUFGABE 42

a) Wie heißt der ⊖ des Beispiels 148?
b) Warum ist er der ⊖?
c) Wievielmal wird er durch die δ gestützt?
d) Wievielmal durch die ♀?
e) Warum hat der dritte Takt im Stufengang einen anderen Rhythmus als die anderen?
f) Welche Bezeichnung müßte das g^1 der Melodie im dritten Takt erhalten, wenn der Ton b im Stufengang unverändert liegen bleiben sollte?

In diesem Beispiele zieht unsere ganze bisherige Arbeit an uns vorüber. Die beiden ersten Zeilen zeigen den zweistimmigen Satz Note gegen Note, in der Zeile C ist die hinzugefügte Stimme mit Melodieformeln versehen und entsprechend bezeichnet. Die Zeile D zeigt die in der bewegten Stimme enthaltenen harmonischen Felder (die Einteilung in Zellen ist unterblieben, da die Zellen ohnehin in den Feldern enthalten sind), und in der Zeile E sehen wir die Sekundgänge aufgezeichnet. Die letzte Zeile endlich enthält den Stufengang.

AUFGABE 43

a) Wie heißt der ⊖ des Beispiels 150?
b) Ist er durch die ⓞ gestützt? Wievielmal?
c) Durch die ♀? Wievielmal?
d) Könnte auch h ⊖ sein?
e) Wie müßte die letzte Note im sechsten Takte der bewegten Stimme bezeichnet werden, wenn der Stufengang eine Ganze Note fis halten sollte?
f) Ändere den fünften Takt der bewegten Stimme so um, daß der Stufengang eine Ganze Note halten kann.
g) Falls im siebenten Takt das h des Stufenganges als drittes Auftreten der ⓞ-Stütze zu reichlich erscheint, könnte d im Stufengang stehen. Wie müßte dann die bewegte Stimme verlaufen?

AUFGABE 44

a) Nimm die zweistimmigen Sätze Note gegen Note der Aufgaben 42 und 43 und verarbeite ihre 2. Stimmen mit Hilfe von Melodieformeln zu anderen Melodien als den hier notierten.
b) Versieh die neuen Melodien mit den zugehörigen Zeichen.
c) Bezeichne die harmonischen Felder, bezeichne die Sekundgänge.
d) Löse den Stufengang heraus.
e) Beurteile jede Einzelheit; verbessere, wenn nötig; singe das Ganze durch.

Nun folgen noch zwei Beispiele, aus welchen sich ersehen läßt, in welcher Weise der Stufengang aus einem Kontrollmittel der Satzreinheit zu einer höchst nützlichen Hilfe bei der praktischen Satzarbeit werden kann.

Die 2. Stimme dieses Beispiels ist albern und öde, trotzdem wird man beim zweistimmigen Durchsingen des Sätzchens nicht in dem Maße abgestoßen sein, wie man es nach einer solchen Oberstimme erwarten sollte. Das liegt am Stufengang, der gut entwickelt ist, der trotz seiner matten Kadenz (es — g — a) den ⊖ a zweifelsfrei festsetzt und die nahen und entfernten Verwandten des Stammtones in schöner Ausgeglichenheit zeigt. Einzig die ☉ ist nicht vertreten. Wollte man dem Satz mit ihrem Einbezug mehr Kraft geben, so ist das mit einer kleinen Änderung leicht zu bewerkstelligen.

Das Beispiel 151 zeigt, wie auf Konto eines gut durchgearbeiteten Stufenganges der Satz getrost einige Schwächen aufweisen kann. Der Fluß der Harmonien ist dann so glatt und überzeugend, daß er den Hörer schwebend über kleinere Hindernisse hinwegträgt. Grobe Satzfehler lassen sich selbstredend auch nicht durch den allerschönsten Stufengang wegzaubern.

Hier sehen wir den gegenteiligen Fall. Der Satz kommt trotz seiner schönen Vorlage nicht zur Entwicklung. Man könnte ihn durch Ändern der Oberstimme ein wenig bessern, aber viel wäre damit auch nicht zu retten, solange der Stufengang so nichtssagend dahinschleicht. Ändern wir also vorerst den Stufengang:

(154) Stufengang

Diese Form ist entschieden lebendiger und schöner. Setzen wir die Oberstimme nach den Erfordernissen dieses Ganges (die Unterstimme braucht nur eine Note auszuwechseln), so bekommen wir einen brauchbaren Satz.

Auf diese Weise läßt sich jeder zwei- und mehrstimmige Satz kontrollieren und verbessern, auch wenn er rhythmisiert, mit Melodieformeln und schnellwechselnden Harmonien versehen auftritt. Wie stark ein folgerichtiger Stufengang den Gesamtverlauf eines Satzes zu beeinflussen vermag, sehen wir an den letzten Noten des Beispiels 155: Der Querstand as—a^1 ist möglich und sogar von guter Wirkung, weil die Stufengangführung ihn trägt.

ACHTE ÜBUNG
Tonalität der Melodien

Wenn wir das Wesen des Stufenganges und den Umgang mit ihm gut begriffen haben, wird uns die achte Übung nur gelinde Mühe bereiten. Wir wollen in ihr zu ergründen suchen, wie die in den Melodien eingeschlossenen harmonischen Gruppierungen ihre Aufeinanderfolge regeln, und bedienen uns hierzu der Stufengangberechnung. Damit wird von den melodischen und harmonischen Vorgängen im zweistimmigen Satze, soweit wir sie satztechnisch erfassen können, der letzte Schleier weggezogen.

A
Arbeitsmaterial

Als Untersuchungsmuster dient uns vorerst ein Beispiel aus der fünften Übung, später werden wir noch weitere der früher angefertigten Melodien betrachten. Die Melodievorlagen sind in dieser Übung überflüssig, sie werden nicht verwendet.

B
Arbeitsvorgang

Wir haben den Stufengang aus zweistimmigen Zusammenklängen losgelöst. Früher haben wir gesehen, daß die aufeinanderfolgenden Töne eines nacheinander statt zusammen erklingenden Intervalls denselben harmonischen Wert haben wie der betreffende Zusammenklang. Aus ihnen muß sich also, wenn es sich um die auseinandergezogenen Intervalle der Gruppe A aus der Reihe 2 handelt, ebenfalls ein Stufengang errechnen lassen, und dieser Stufengang muß uns ebenso wie der aus den Zusammenklängen gezogene sagen können, ob die zwischen den Intervalltönen der Melodie aufgespannten Harmoniewerte sinnvoll einander folgen. Die Vorbedingungen zur Erstellung eines solchen Stufenganges finden wir in den harmonischen Zellen der Melodien gegeben. Genau wie beim Durchsuchen der zusammenklingenden Harmonien brauchen wir nur ihre Grundtöne auszuziehen und nebeneinanderzustellen, um zu sehen, ob die so gewonnene Tonreihe unsere Forderungen nach logischer Linienführung erfüllt und als Zeichen für die harmonische Logik im melodischen Ablaufe gelten kann. Es wäre allerdings sehr mühsam (und, wie wir bei der ersten Betrachtung der Zellen gesehen haben, auch irreführend), sämtliche in einem Melodienverlaufe möglichen Zellenbildungen grundtonweise einzufangen. Das ist aber auch nicht nötig, denn die Zellen sind ja häufig in den harmonischen Feldern zusammengefaßt; es genügt darum, diese zu untersuchen und nur da, wo kein Zusammenschluß zu einem Felde erfolgt, die Zellen heranzuziehen.

Wie finden wir aber den Grundton eines harmonischen Feldes? Die harmonischen Felder sind Drei- und Mehrklänge, deren Töne nacheinander statt miteinander erklingen. Wir müssen also, um sie behandeln zu können, erst erfahren, wie der Grundton in diesen Zusammenklängen zu finden ist. Das geschieht nach einer sehr einfachen Regel:

REGEL 59

In Drei- und Mehrklängen ist der Grundton des in ihnen enthaltenen besten Intervalls der Grundton des Gesamtklangs.

Der Wert der Intervalle wird, wie wir jetzt schon hinlänglich wissen, nach der Ordnung der Reihe 2 bestimmt, und zur Bestimmung wird jedes der im Klange enthaltenen Intervalle herangezogen, nicht etwa nur die Beziehung der einzelnen Akkordtöne zum Grundton oder zum Baßton. Im Durdreiklang sind demnach enthalten: ⑤, ③, ②③. Sein bestes Intervall nach den Werten der Reihe 2 ist die ⑤, ihr unterer Ton ist somit Grundton des Dreiklangs.

„Um das herauszufinden, brauchen wir eine so komplizierte Berechnung? Wir wußten es ohnehin, die Stellung eines Dreiklangs in der diatonischen Tonleiter gibt uns schnellere und zuverlässigere Auskunft." Zugegeben, daß für den Durdreiklang dem Ungeübten unsere Berechnung umständlich erscheint — solange er sich nicht daran gewöhnt hat! In Wahrheit ist sie einfacher, da sie weder die Beziehungen zu tonalen Zentraltönen zum Ausgangspunkte nimmt, noch mit Umlegungen der Akkordtöne oder gar mit ihrer Mehrdeutigkeit rechnet. Sie ist unverändert für alle Formen und Lagen von Zusammenklängen gültig und nur diese Allgemeingültigkeit macht es möglich, all die zahlreichen Zusammenklänge deuten und sinngemäß anwenden zu können, die sich vom wohlklingenden Normalmaße des Dreiklangs sehr weit entfernen und über deren Behandlungsart keine andere Satzlehre Brauchbares zu sagen versteht.

Für den Mollsextakkord, z. B. e—gis—cis^1, bestehen folgende Intervallverhältnisse: ③ (e—gis), ④ (gis—cis^1), ⑥ (e—cis^1); bestes Intervall ist die ④ gis—cis^1, Grundton des Akkords cis^1 (der natürlich zur Einpassung in einen Stufengang beliebig oktavversetzt werden kann).

Es ist für die Bestimmung des besten Intervalls im Zusammenklang ohne Belang, ob sich seine beiden Töne in der engstmöglichen Zusammenstellung oder durch Oktaven getrennt vorfinden. So gilt in den drei Durklängen des Beispiels 156 allemal die Duodezime (⑫) oder deren noch höhere Oktave gleich der ⑤,

und die ④ gis—cis^1 im oben erwähnten Mollsextakkord kann als Gis—cis, Gis—cis^2 und gis—cis^2 oder in sonstiger Oktavverlagerung auftreten, sie wird stets als ④ berechnet. Auch die Oktavversetzungen aller anderen in einem Akkord liegenden Intervalle werden zur leichteren Errechnung als in der engsten Lage auftretend gedacht.

Findet sich das beste Intervall zweimal im Akkord vor, sei es als getreue Oktavwiederholung zweier Töne (z. B. die Wiederholung der ⑤ A—e als a^1—e^1) oder als Versetzung auf eine andere Tonstufe (z. B. die ⑤⑤ A—e und c^1—g^1), so gilt von den zur Wahl stehenden Intervallgrundtönen der tiefstliegende als Grundton des Akkords.

AUFGABE 45
Bestimme die Grundtöne in den folgenden Zusammenklängen.
Es bedarf wohl keiner näheren Begründung, daß in ihrer Höhenausdehnung weit auseinandergezogene gebrochene Akkorde in unseren Melodien noch nicht auftreten können. Sie sind hier ausschließlich zur Erläuterung des Grundtonprinzips in Mehrklängen angeführt.

Bildungen wie

sind selbst bei einer beträchtlichen Anzahl von Tönen keine Akkorde, sondern zweistimmige Zusammenklänge mit Verdopplungen des einen ihrer beiden Töne oder beider.

REGEL 60
Für die vier Zusammenklänge

und ihre Brechungen (mit oder ohne Verdopplung einzelner ihrer Töne) gibt es keinen Grundton. Sobald sie in der Harmonie (wo sie für uns noch verboten sind) oder in der Melodie erscheinen, hat man die Wahl, irgendeinen ihrer Töne in den Stufengang aufzunehmen. Man wird sich natürlich für denjenigen entscheiden, der sich zwanglos in die ihn umgebenden Töne des Ganges einreiht.

Die Grundtonlosigkeit dieser Akkorde werden wir verstehen, wenn wir uns die schon kurz erwähnte Eigenart des Tritonus und seine Abgesondertheit von den anderen Intervallen vor Augen halten. Bei allen Intervallen der beiden Gruppen A und B der Reihe 2 konnten wir Grundtöne feststellen, und das Vorhandensein dieser Intervallbestandteile ermöglichte es uns erst, die Zusammenklänge und Tonschritte nach ihrem Werte und ihrer Eigenart einzusetzen. Beim Tritonus ist kein Grundton zu entdecken; entweder man betrachtet ihn als neutral, als grundtonlos, oder man räumt jedem seiner beiden Töne das Recht ein, die Grundtonstelle zu vertreten. Alle anderen Intervalle lassen sich umkehren zu neuen Intervallen mit gegensätzlich gelagertem Grundton. Bei der Umkehrung des Tritonus entsteht auch wieder nur ein Tritonus. Man mag mit diesem Intervall irgendetwas beginnen, es bleibt immer zweideutig, unentschieden, schillernd. Erst wenn es sich an andere Intervalle schrittweise anlehnt, wenn es als N zu einem 5- oder 4-Schritt auftritt, gewinnt es an Entschiedenheit. Geht man aber noch weiter und gibt diesem halbechten Intervall schwankenden Charakters die Berechtigung, sich in die Mehrklänge einzunisten, so erlebt man die ganze Ungezügeltheit seines barbarischen, ungezähmten Wesens, das statt des gereichten kleinen Zipfels sich der ganzen Sache bemächtigt und nun größenwahnsinnig im Klangbereiche haust: Es gibt den Mehrklängen, die es enthalten, Ziel und Richtung an, macht sie scharf und aufreizend, raubt ihnen alle Ruhe und Selbstsicherheit und versieht sie trotz aller Schärfe mit einer Geschmeidigkeit, die sie auf den gewagtesten Pfaden, in den engsten Durchlässen sich ohne Gefahr bewegen läßt. Der Tritonus wirkt wie ein gärender Sauerteig in den Klängen. Alle Akkorde, die ihn beherbergen, sind einesteils durch ihre Zielstrebigkeit, andererseits durch ihre Unselbständigkeit den übrigen Klängen entgegengesetzt und in ihrem Wesen gänzlich verwandelt. Da die oben genannten verminderten Akkorde als Hauptbestandteil den Tritonus enthalten, ist es nicht verwunderlich, wenn auch sie sich von den übrigen „normalen"

Akkorden absondern. Mehr über die Eigenschaften des Tritonus und der verminderten Akkorde folgt in den Übungen für den dreistimmigen Satz. Es genüge darum hier, sich über die Verwendungsart dieser vier Einzelgänger unter den Klängen das Notwendigste einzuprägen.

Wir schreiten nunmehr zur Behandlung der in den Melodien zerlegt auftretenden Mehrklänge. Schon die kleinsten von diesen Auseinanderlegungen, die Zellen, lassen sich oft nicht genau und zweifelsfrei abgrenzen. Noch weniger können wir daher von den aus Zellen bestehenden größeren Mehrklangausbreitungen, den harmonischen Feldern, verlangen, daß sie sich immer einer scharftrennenden Einteilung unterwerfen. Dem einen Hörer wird sich diese Tongruppe zu einem harmonischen Felde zusammenschließen, dem anderen jene; ja auch der einzelne Beurteiler wird nicht immer in der gleichen Weise entscheiden. Man kommt aber fast durchweg mit der Zusammenfassung in Dreiklänge aus. Septakkorde lassen sich stets in mehrere Dreiklänge zerlegen, und wenn eine Tongruppe sich der harmonischen Zusammenfassung gar zu sehr sperrt, bleibt immer noch die Zerlegung in Zellen übrig, wodurch sie sicher zu erfassen ist.

REGEL 61
Die aus den harmonischen Feldern (und wenn nötig, Zellen) gezogenen Stufengänge müssen eine sinnvolle melodische Linie ergeben. Zum Unterschied vom Stufengang der Zusammenklänge nennen wir sie *Melodiestufengang*.

Sinnvoll, das heißt auch hier wieder: in Anlehnung an unsere ersten grundlegenden Melodiegesetze mit Berücksichtigung der beim Stufengang der Zusammenklänge erwähnten Erleichterungen.

Es kann auch vorkommen, daß der einzige Inhalt eines Melodieabschnittes ein Sekundschritt ist, oder daß durch die rhythmisch günstige Stellung eines solchen Schrittes ein deutliches Wahrnehmen harmonischer Zellen oder Felder sehr erschwert, wenn nicht unmöglich gemacht wird. Der Sekundgang ist in solchen Fällen so stark und eindeutig, daß der Stufengang nicht gegen ihn aufkommen kann. Hier übernimmt man einfach die betreffenden Töne des Sekundganges in den Stufengang.

Wenn wir im Musterbeispiel 1 der fünften Übung die Grundtöne der harmonischen Felder ausziehen und die noch übrigen Stellen mit Grundtönen aus Zellen besetzen, so erhalten wir folgenden Stufengang, der in Einzelheiten gemäß dem oben Gesagten anders aussehen kann, aber auch dann immer einen logischen Ablauf zeigt.

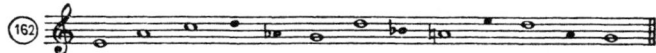

Die kleinen Noten zeigen an, wo außer den hauptsächlichen Zellen- und Feldzusammenschlüssen — deren Grundtöne in Ganzen Noten angegeben sind — noch weitere, weniger wichtige Zellenbildungen zu hören sind. Der ⊖ ist, mit oder ohne diese Einschiebsel, das g^1, obwohl der Melodiestufengang nicht mit diesem Tone anfängt. Immerhin tritt das g^1 aber als Schlußton und an wichtiger Stelle in der Mitte auf, vor allem ist es zweimal durch seine ☾ und einmal durch seine ♀ gestützt. Man darf bei dieser Art tonalen Zusammenschlusses sich nicht durch die aus den diatonischen Dur- und Molltonleitern erwachsenen Tonalitätsbegriffe irre machen lassen. Ihnen zufolge könnten wir hier mehrere Modulationen annehmen, und auch dann wäre es immer noch nicht ganz einfach, unsere harmlose Melodie restlos unterzubringen. Durch die Annahme der chromatischen Tonleiter als Baustoff unserer Tongebilde ist unsere Auffassung der Tonalität gewachsen. Eine Melodie steht nicht deshalb in g, weil ein fis darin vorkommt, und sie muß nicht deshalb in c stehen, weil der Tritonus f—h mit Bedeutung in ihr auftritt. Der Stufengang gibt bessere Auskunft als alle Vorzeichen und Akkordgegenüberstellungen. Freilich lehrt er auch, daß es sehr verschieden stark ausgeprägte tonale Bildungen gibt. So ist das Zentrum g^1 in unserem Beispiel im Anfang, wo der eigentliche ⊖ nicht klar auftritt, nur schwach durchgebildet, es entwickelt sich erst im Laufe des Stückes. Wollten wir einen stärkeren ⊖ g^1 haben, so brauchten wir nur den Melodiestufengang mehr auf diesen Ton einzustellen

und dann die Melodie entsprechend umzuändern (wobei allerdings der Sekundgang und etwaige Änderungen in ihm mitberechnet werden müssen), etwa:

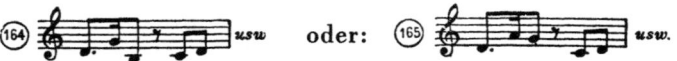

Der Stufengang dieser Melodie ist vernünftig entwickelt, von ihrem Sekundgang wissen wir dasselbe aus der fünften Übung; darum ist sie richtig und logisch gebaut und somit verwendungsfähig. Ob sie schön ist, das Gemüt berührt, voller Seele spricht — das alles ist damit nicht gesagt. Wir können mit den technischen Mitteln, von denen in einer Tonsatzlehre ausschließlich die Rede ist, niemals in diese Gebiete ästhetischer Wertbeurteilung hinaufsteigen, dürfen es auch nicht, wenn wir das Tonmaterial in seinen äußerlichen Eigenschaften gründlich kennen lernen wollen. Beherrschen wir es erst einmal, dann haben wir volle Freiheit, es so anzuwenden, wie die Freude, der Schmerz, wie tiefe und hohe Gefühle es uns diktieren. Einstweilen sind wir froh, wenn unsere Arbeiten die größtmögliche Folgerichtigkeit aufweisen; umso besser, wenn sie außerdem gefällig und ausdrucksvoll sind.

Die im Melodiestufengang ausgedrückten harmonischen Inhalte der Zellen und Felder sind zunächst völlig unabhängig von den Harmonien, die sich aus der Hinzufügung einer oder mehrerer Stimmen zu einer Melodie ergeben. Die Wege der melodischen Logik können mit denjenigen der Zusammenklänge wohl zusammenlaufen; oft tun sie es aber nicht. So dürfen wir also beim Aufstellen des Melodiestufenganges nicht daran denken, was unter oder über der Melodie noch erklingen könnte. Wie die Melodie mit den Zusammenklängen zu vermählen ist, wie sich Melodiestufengang und Zusammenklangstufengang zueinander verhalten, das werden wir in den letzten Übungen erfahren. In Erweiterung einer in der fünften Übung gemachten Bemerkung sei noch erwähnt, daß die vorläufige harmonische Unabhängigkeit einer einzelnen Melodielinie von den zu ihr tretenden Zusammenklängen natürlich auch für die melodische Bedeutung ihrer einzelnen Töne ausschlaggebend ist: Was in bezug auf eine 2. Stimme D, N oder eine andere Melodieformel ist, kann in der abgesondert betrachteten Melodie Akkordbestandteil eines harmonischen Feldes sein. Und was hier zwischen diesen Akkordbestandteilen als W, N' oder sonstige Auflockerung der festen Harmoniegruppen auftritt, kann beim Aufgehen im Zusammenklang zu einem Hauptbestandteil des Gesamtakkordes werden.

Ich bin mir bewußt, in dieser Übung, wie auch schon in der fünften, Beispiele gezeigt und Erscheinungen besprochen zu haben, die der Schüler im jetzigen Stande seines Könnens kaum restlos übersehen, geschweige denn selbst ausführen kann. Das verborgene Wesen melodischer und harmonischer Zusammenhänge läßt sich nicht (wie die handgreiflichen äußeren Abläufe des Tonsatzes) dadurch verständlich machen, daß man es aus kleinen Teilchen wie aus einem Baukasten nach und nach vor dem Lernenden entstehen läßt. Andrerseits läßt sich ohne das Verstehen der Baugesetze keine sinnvolle Tonverbindung herstellen, es sei denn, wir überließen den Anfänger seinem instinktiven Gefühl — und dies würde ihn in seiner jetzigen Lage mehr trügen als leiten. Die Erfahrung lehrt überdies, daß es wenig förderlich ist, im Unterrichte nur das zu zeigen, was gerade im Augenblicke gelernt werden muß; der Sinn für große Entwicklungslinien und bedeutsame Zusammenhänge geht dabei allzu leicht verloren. Es schadet dem Unerfahrenen nicht, wenn er weite Horizonte schimmern sieht, er darf nur in der handwerklichen Arbeit nicht das langsame schrittweise Fortschreiten aufgeben. Hält er sich auch in den nächsten Übungen genau an die Vorschriften der Aufgaben, so besteht trotz seinem nunmehr schon sehr erweiterten Gesichtskreis keine Gefahr des Abgehens vom geraden Wege.

C
Musterbeispiele

Wir untersuchen jetzt alle bisher geschriebenen bewegten Stimmen auf ihren Melodiestufengang.

BEISPIEL 1 (aus der dritten Übung)

Der ⊖ ist nicht sehr genau herausgearbeitet. In den ersten fünf Noten ist unzweifelhaft c^2 der ⊖; dieser Ton steht zu Anfang, kommt noch einmal vor und ist durch seine ♂ gestützt. Der Schluß wird vom a^1 beherrscht, das von seiner ♀ verstärkt wird. Von einem Wechsel des ⊖ (Modulation) zu sprechen, ist bei dem geringen Aufwand an harmonischen Mitteln und der offenbaren schwächeren Anlage des ⊖ a^1 unnötig. Als der ⊖ der Melodie ist also das c^2 anzusehen.

BEISPIEL 2 (aus der dritten Übung)

Ein einfacher Fall. Der ⊖ ist c^1, gestützt durch ♀ und ♂. In den ersten beiden Takten ist der Sekundgang stärker als der Stufengangschritt $c^1 - d^1$.

BEISPIEL 3 (aus der dritten Übung

AUFGABE 46
Nimm der Reihe nach alle bewegten Stimmen der in den Übungen 3, 4 und 6 angefertigten Aufgaben, ziehe die Melodiestufengänge heraus und stelle den ⊖ jedes einzelnen fest.

AUFGABE 47
a) Schreibe eine Melodievorlage nach den Regeln der ersten Übung.
b) Setze darüber oder darunter eine 2. Stimme nach den Regeln der zweiten Übung.
c) Ziehe aus den Zusammenklängen den Harmoniestufengang heraus und stelle den ⊖ fest. Verbessere den Stimmenlauf, falls der Stufengang unbefriedigend sein sollte.
d) Bringe in der zweiten Stimme nach Belieben Melodieformeln an.
e) Stelle die Sekundgänge der bewegten Melodie fest und verbessere, falls sich Schäden herausstellen.

Vorsicht! Verbesserungen ziehen Änderungen des Harmoniestufenganges nach sich; nach jeder Melodieänderung muß daher der Harmoniestufengang geprüft und, wenn nötig, der Zusammenklang an die Melodie angepaßt werden. Daraus folgt, daß Änderungen sowohl in der Melodievorlage wie in der ersten Fassung der 2. Stimme eintreten können. Indem wir in solchem Falle der ausgezierten Melodie nachgeben, gehen wir von dem ursprünglichen zweistimmigen Satze Note gegen Note etwas ab. Das schadet nichts; er leistet uns gute Dienste für die Aufstellung und erste Führung unseres Tongebäudes, die lebendige Wirkung des melodischen und harmonischen Verlaufes ist uns aber jetzt schon wichtiger als das starre Festhalten an den anfänglichen Hilfsmitteln.

f) Stelle die harmonischen Felder der bewegten Melodie fest, ziehe aus ihnen (unter Zuhilfenahme der Zellen und wenn

nötig des Sekundganges) den Melodiestufengang aus und
verbessere auch hier die bewegte Melodie, wenn der Melodiestufengang es fordert (hier gilt ebenfalls das unter e Angemerkte).

In dieser Aufgabe ist alles zusammengefaßt, was wir von der ersten bis zur achten Übung gelernt und ausprobiert haben. Es genügt nicht, sie ein einziges Mal zu lösen. Von einem Schüler, der in der Erlernung des Tonsatzes sein Hauptarbeitsgebiet sieht, kann man verlangen, daß er mindestens 10 verschiedene Lösungen anfertigt. Aber auch die Schüler, welche nur wenig Zeit für ihre tonsetzerischen Übungen aufbringen können, sollten 4 bis 5 verschiedene Formen dieser Aufgabe durcharbeiten.

NEUNTE ÜBUNG
Auflösung der Melodievorlage

In der letzten Aufgabe der vorigen Übung standen wir zum ersten Male vor der Notwendigkeit, die Melodievorlage den übrigen Bedingungen des Satzverlaufes anzupassen. Die, wie es anfänglich schien, eherne Unverrückbarkeit dieser Grundmelodie ist damit, auch wenn es sich nur um ganz geringfügige Verschiebungen handeln sollte, ins Wanken geraten. Das ist nicht verwunderlich, denn wir haben ja mittlerweile das im Urgrunde der harmonischen und melodischen Gebilde regierende Bewegungskraftfeld entdeckt, den Stufengang, dem in der Tat die unbestechliche Genauigkeit, Standfestigkeit und unbeirrbare Neutralität innewohnt, die wir nach unseren neuesten Erfahrungen der Melodievorlage absprechen müssen. Nun, da wir schon angefangen haben, an unserem für den Anfang unerläßlichen Hilfsgerüste zu rütteln, das inzwischen von dem eigentlichen dauerhaften Strebe- und Trägerwerk aus festerem Baustoff umgeben, überragt und übertroffen worden ist, wollen wir auch noch einen Schritt weitergehen: Die Melodievorlage soll nun ebenfalls in flüssigere Bewegung versetzt werden. Was wir schon einmal erreicht hatten (in der zweiten Übung), nämlich das Nebeneinandergehen zweier ähnlich gebauter, gleichwertiger Stimmen, versuchen wir nochmals auf einer höhergelegenen Ebene, wo wir nicht mehr durch die strengen Bindungen, welche dort unser Vorwärtsschreiten regelten, am Laufe gehindert werden.

A
Arbeitsmaterial

Zum letzten Male bedienen wir uns der auf einer gleichmäßig in Ganzen Noten fortschreitenden Melodievorlage errichteten Sätze Note gegen Note. Zuerst unterziehen wir die in den Übungen 3, 4 und 6 erstellten Sätze mit einer bewegten Stimme einer nochmaligen Überarbeitung, indem wir ihre ruhig verlaufenden Melodievorlagen auf die gleiche Weise in Bewegung versetzen wie vorher die noch unbewegte 2. Stimme; und dann werden wir noch einmal von neuerrichteten Sätzen Note gegen Note ausgehend beide Stimmen bewegt gegeneinanderstellen.

B
Arbeitsvorgang

Die schon erreichte Sicherheit im Umgang mit den verschiedenen Elementen des zweistimmigen Satzes (Zusammenklangwerte, Melodieformeln, Sekundgang, Melodiestufengang, Zusammenklangstufengang, Tonalität) wird uns in der Behandlung zweier bewegter Stimmen weder eine wesentlich neue, noch eine mit besonderen Schwierigkeiten ausgestattete Arbeit erblicken lassen. In dieser Übung wie auch in den beiden letzten ist nicht so sehr das Hauptaugenmerk auf die Heranziehung neuen, noch ungenützten Arbeitsmaterials, auf die Erwerbung neuer Erkenntnisse gerichtet. Es handelt sich vielmehr um andere, freiere Anwendungsformen unserer Bauelemente. Unsere Mustermelodien aus der dritten, vierten und sechsten Übung zeigen uns zwei Stimmen, die in ungleich starkem Maße mit Bewegung erfüllt sind. Wenn wir nun darangehen, die ruhig laufende Melodievorlage ebenso zu beleben wie in den früheren Übungen die hinzugefügte Stimme, so kehren wir die ursprünglichen Verhältnisse um: Die bewegte 2. Stimme ist für die folgenden Übungen unser Leitfaden, an dem wir uns weitertasten, mit dem wir die neubewegte Stimme verknüpfen. Die beiden Stimmen behalten jedoch die ganze Übung hindurch ihre alte Bezeichnung bei; wir belegen also die alte Melodievorlage auch dann noch mit ihrem überkommenen Namen, wenn sie durch die Anpassung an die andere Stimme diesen Rang längst aufgegeben und ihrer Partnerin überlassen hat.

Die Melodievorlage wird genau so wie früher die 2. Stimme in Bewegung aufgelöst: Wir versehen sie mit Melodieformeln. Der ursprüngliche, taktausfüllende Vorlageton bleibt in der neubewegten Stimme ebenso der Hauptton, wie es früher mit den einzelnen Tönen der 2. Stimme geschah. Alle Regeln, die von der dritten Übung an den Lauf einer bewegten Stimme betrafen, gelten jetzt auch für unsere zu bewegende Melodievorlage.

Von dem reichen Regelbestand, der dem Zusammengehen beider Stimmen galt, ist durch die Erlaubnis von Satzfreiheiten, wie sie sich als notwendige Folge unseres sehr erweiterten Arbeitsmateriales ergab, nur noch ein kleiner Rest von Vorschriften übriggeblieben Es sind dies:

Regel 16: keine Stimmkreuzungen;

Regeln 18/19: keine Intervalle mit obenliegendem Grundton als Anfang, Schluß oder als wichtigen Klang im Verlaufe des Stückes;

Regel 24: keine ⑧, ⑤- und ④-Parallelen;

Regel 26: verdeckte ⑧- und ①-Parallelen nur als Schlußklausel;

Regel 27: verdeckte ⑤- und ④-Parallelen von unten verboten, falls von kleineren Intervallen als dem Zielklang ausgehend;

Regel 29: keine Sprünge aus Intervallen der Gruppe B (und dem Tritonus) oder in solche (Ausnahmen: N̈, N̦, Ḟ, F);

Regel 30: Vorsicht bei Septimen- und Nonenbildungen in bewegten Stimmen.

Alle Regeln mit einer niedrigeren Nummer sind damit ungültig oder gelten in der erweiterten Form, die in der dritten Übung Seite 61 niedergelegt ist. Die Regeln von Nummer 31 an betreffen ohnehin das Zusammengehen zweier bewegter Stimmen und sind schon den erhöhten setzerischen Fertigkeiten des Schülers angepaßt. Sie behalten darum auch fernerhin ihren Wert.

Bei der gleichzeitigen Führung zweier Stimmen ist aber noch einiges zu beachten.

REGEL 62
Bewegt sich eine Stimme, so halte die andere ruhig.

Diese sehr allgemein gehaltene Vorschrift kann zugunsten einer gleichzeitigen heftigeren Bewegung oder gemeinsamer Ruhe beider Stimmen unbeobachtet bleiben, wenn der Zusammenklangstufengang oder das starke Hinstreben nach Höhen- und Tiefenpunkten oder gar der Wunsch nach erhöhtem Ausdruck eine gleichmäßige Zuteilung der Bewegung an beide Stimmen notwendig machen. Besonders auffällig wirkt immer die Überlastung von Auftakten; hier ist in der Mehrzahl aller Fälle die gleichmäßige rhythmische Anstrengung beider Stimmen unschön.

Die Bearbeitung eines Beispiels aus der dritten Übung

wird uns besser als alle theoretischen Erörterungen mit der neuen Satzart vertraut machen.

Diese Lösung ist schlecht; anstatt die obere Stimme mittels einer anders bewegten Stimme zu stützen, läuft hier die aufgelöste Melodievorlage im gleichen Rhythmus und obendrein überladen neben der anderen einher.

Hier haben wir die erwähnte Überlastung der Auftakte; statt eines glatten Ablaufs erleben wir ein keuchendes Miteinandertorkeln. Versuchen wir es also mit ruhigeren Rhythmen!

Im ersten Takte kann auf dem letzten Viertel kein höherer Ton als f^1 stehen (der echten oder verdeckten ⑤-Parallelen, die sich beim Fortschreiten zum Vorlageton des zweiten Taktes ergeben), ausgenommen b¹ oder c², die aber beide keine geistvollen Lösungen darstellen. Bleibt also der Weg von unten:

Die Form d zeigt wieder eine Art der Auftaktbelastung, die wir vermeiden wollen; die Form c bringt durch ihre starke Betonung des zweiten Viertels Unruhe in unser so gar nicht auf große Ausdrucksmittel gestelltes Sätzchen. Nicht möglich sind folgende beiden Formen:

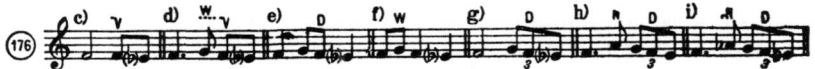

die erste wegen des Tritonussprunges zum Vorlageton des zweiten Taktes, die zweite wegen des zum h¹ des zweiten Taktes der zweiten Stimme querstehenden b, das hier sehr stören würde. Wir ziehen demnach für den ersten Takt eine der beiden Formen a oder b des Beispiels 173 vor, gegen die nichts einzuwenden ist. Für die Auszierung des zweiten Taktes ergeben sich die zwei Fassungen:

und ihre Abarten:

In a laufen wir einen Teil des Weges wieder zurück, den wir gekommen sind, das ist nicht sehr abwechslungsreich; der Rückweg über es¹ ist deshalb (trotz oder gerade wegen dem Querstand zum ersten und dritten Takte der Oberstimme) vorzuziehen. Der Querstand e²—es¹ stört hier nicht, denn das es¹ hat nur D-Charakter.

Selbst wenn das es¹ nicht als D, sondern als Bestandteil eines selbständigen Zusammenklanges gelten sollte, fällt dieser Ton nicht sehr auf, da er nicht der Grundton dieses Zusammenklanges ist. Auch das den Querstand ergänzende e² ist nicht der Grundton des zu ihm gehörenden Klanges, es ist die ③ des Grund- und Stufengangtones c 1. Selbstverständlich kann ein Ton, der an schwächerer Stelle eines Zusammenklanges steht, niemals so eindringlich zur Geltung kommen, weder im guten noch im schlechten Sinne, wie derjenige an auffälligem Platze. Der Querstand e²—es¹ kann darum keinesfalls so sehr stören wie der kurz zuvor erwähnte b—h¹ (Beispiel 174b), bei dem das b als Klanggrundton auftrat. Der Beweis für diese Behauptung: Bringe das b im ersten Takte so, daß es unwichtiger wird, dann kann keine störende Querstandwirkung aufkommen.

Im Beispiel 178b wird das b nur einen kurzen Augenblick lang Grundton der ⑤ b—f², da wo der D mit dem W zusammentrifft. Das b trägt jedoch alle Merkmale eines D so deutlich wie das f² diejenigen eines W, die Grundtonfunktion des b wird darum kaum wahrgenommen.

Die Fassungen c und d aus Beispiel 176 sind für den zweiten Takt brauchbar; e und f sind nicht schlecht, aber sie sind rhythmisch zu eng an die Oberstimme gekettet und darum weniger geeignet. Die restlichen drei Formen bringen mit ihrer Triole zu viel Unruhe. Möglich sind noch folgende Formen:

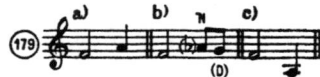

Davon sind a und b gut, c ist wegen der verdeckten ⑧-Parallele zum dritten Takt weniger gut.
Die verzierte Unterstimme zum dritten Takt kann lauten:

Hiervon ist a wiederum schlecht; es führt, da es nichts anderes bringt als die Oberstimme auch, nämlich eine Umspielung des d, einen die Entwicklung hemmenden Aufenthalt herbei. Die Formen i und k haben nur Sinn, wenn sie sich ohne Widerstreben in den Gesamtablauf einfügen lassen; n bildet mit der Oberstimme eine ⑧-Parallele ($d^2-c^2-d^1-c^1$), die allerdings nicht genau zur gleichen Zeit auftritt, dadurch aber umso auffälliger wird.

AUFGABE 48

Notiere für die übrigen vier Takte des Beispiels 170 in der angedeuteten Weise alle Möglichkeiten einer freieren Bewegung der Melodievorlage, soweit sie unseren Forderungen entsprechen, und beurteile sie auf ihre Verwendungsfähigkeit.

Wir entscheiden uns zu folgender Fassung der Melodievorlage, die dem einfachen Stile der Oberstimme gerecht wird und dabei die angenehme Mitte hält zwischen kärglicher Trockenheit und tönereicher Schwätzerei.

Unsere schon sehr gewachsene Fertigkeit gestattet uns, beim Laufe zweier bewegter Stimmen folgende schon sehr kühne Tongruppierungen anzuwenden:

a) Alle bisher verbotenen oder nur bedingt erlaubten echten Vorhalte (und Nebentöne, falls keine Vorbereitung vorhanden ist), z. B.:

Auch bei einigen unechten Vorhalten

dürfen wir, wenn eine spürbare V-Wirkung von ihnen ausgeht, die V-Berechnung anwenden, wodurch sich die Anlage des Stufengangs vereinfacht. Ist keine sichere V-Wirkung festzustellen, so wende man lieber die ausführlichere, aber zuverlässige Stufengangberechnung an, wonach jedes der Zusammenklangintervalle einen Stufengangton erhält.

b) Eine Verbindung von V und N, die häufig vorkommt.

In dem hier notierten Fall ist es gestattet, statt V und N einen eigenen Grundton des Klanges anzunehmen, der nach dem in der vorigen Übung Gesagten einer der beiden Tritonustöne sein kann (das h ist der geeignetere).

c) Folgende Verbindung von V und N',

bei der die Auflösung des V nicht sekundmäßig, sondern wie

beim N˚ sprungweise in einen Ton erfolgt, der mit der anderen Stimme einen A-Zusammenklang bildet.
d) Vorhalte und Nebentöne, welche durch deutlich wahrnehmbare Synkopierungen der Gegenstimme auf schlechten Taktzeiten erscheinen.

Bei einer Synkopierung (vorausgesetzt, daß sie durch die andere Stimme hervorgehoben und nicht etwa durch harmonische Mittel dem normalen, unsynkopischen Taktrhythmus angeglichen wird) werden die im Takte herrschenden Betonungsverhältnisse ins Gegenteil verkehrt: Der vorher unbetonte Taktteil erhält die Betonung, der betonte nimmt die minderwertigere Stelle ein. Die Melodieformeln, besonders diejenigen, welche in deutlicherer Abhängigkeit zur Taktbetonung stehen (V, N, Ḟ) als die übrigen, können zur Bestätigung der synkopischen Stimme verwendet werden, indem z. B. beim V die Klangspannung statt auf die normale betonte Taktzeit nunmehr auf den schlechten, die Auflösung hingegen auf den guten Platz gestellt wird. In vielen Fällen wird sich durch die Anwendung dieser Vorschrift nichts anderes als ein Bedeutungswechsel der Melodieformeln ergeben, der für die vom Stufengang ausgehende harmonische Zergliederung nichts als die Namensänderung einiger Formeltöne mit sich bringt. So ist es für den Stufengang unwichtig, ob die beiden mit + bezeichneten Töne im Beispiel 186 als N oder D (bzw. N oder N) angesehen werden. Bei manchen VV und NN kann allerdings durch die synkopische Berechnung die Aufstellung des Stufenganges erheblich erleichtert werden.

Alle diese Satzfreiheiten können bei ungeschickter Anwendung ein wahres Gift für den zweistimmigen Satz sein. Wer sie nicht völlig beherrscht — die Beherrschung äußert sich in fließender Stimmführung und in der Fähigkeit, alle Erscheinungen fehlerfrei zu erklären und zu singen — der darf sie keinesfalls anwenden. Aber auch wer sie geschickt einzuordnen versteht, hat durch eine besonders scharfe Prüfung des Sekundganges, des Melodie- und des Zusammenklangstufenganges nachzuweisen, daß sie tatsächlich richtig angewandt sind.

Die bewegte Melodievorlage unterliegt denselben Bedingungen wie die ursprünglich bewegte Stimme; auch aus ihr müssen sich Sekundgänge und der Melodiestufengang herauslösen lassen, und die Qualität der Gänge muß auch in ihr ein Maßstab für den Bau der Melodie sein. Der Stufengang der Zusammenklänge, der ja keinerlei rhythmische Selbständigkeit besitzt, ist auch mit seinen kleineren Notenwerten die untrügliche Kontrolle über den harmonischen Verlauf des Stückes. Will man die Häufigkeit des Harmoniewechsels vermehren oder vermindern — was unabhängig vom Zeitmaß des Stückes geschehen kann —, so läßt sich leicht vom Zusammenklangstufengang aus beurteilen, wo ein Zuviel oder Zuwenig harmonischer Bewegung stattfindet, und durch Änderung der Stufengangtöne und Anpassung der Töne in der nunmehr freibewegten Vorlage kann das gewünschte Maß leicht hergestellt werden.

AUFGABE 49

a) Prüfe die erweiterte Vorlage im Beispiel 187 mittels Sekundgang und Melodiestufengang.

b) Stelle den ⊖ des Stückes fest und erkläre seine Beschaffenheit.

c) Wenn wegen des reichlich vorkommenden c^1 der Stufengang im fünften Takte a haben soll, wie muß die erweiterte Vorlage lauten?

Die reichen Kontrollmittel für die technische Beschaffenheit unserer Arbeiten, so zuverlässig sie in ihren Auskünften über den Wert der Melodie- und Harmonieabläufe sind, lassen uns völlig im Unklaren über die stilistische Anlage eines zweistimmigen Satzes. Es liegt durchaus im Bereiche unseres jetzigen setzerischen Könnens, aus der Melodievorlage statt der vorigen bewegten Stimme die folgende zu entwickeln:

Im zweiten Takte könnte man sich darüber hinaus noch folgende Führung der Unterstimme denken:

sie wäre, so seltsam sie auf den ersten Blick aussieht, nicht falsch. Der Stufengang gibt uns über ihren Wert genaue Auskunft. Er lautet:

was nach den Vorschriften der siebenten Übung ja gestattet ist. Die Seltsamkeit liegt ausschließlich in der Schreibweise.

Im Beispiel 188 sehen wir im vorletzten Takte, daß es nicht ungefährlich ist, die Melodieformeln zu gleicher Zeit in beiden Stimmen allzu ungehemmt ihr Wesen treiben zu lassen. Es empfiehlt sich, die Formeln so zu legen, daß sie jeweils in der einen Stimme auftreten, wenn die andere einen unveränderten guten Zusammenklangton bringt, da sonst beim Zusammentreffen mehrerer Formeln der Klang ohne jede Stütze frei in der Luft schwebt.

AUFGABE 50

a) Errechne den Stufengang des Harmoniegehaltes dieser Fassung (Beispiel 188), stelle den ⊖ fest, begründe und beurteile ihn.

b) Wie müßte die Bezeichnung des vorletzten Taktes in der Unterstimme bei folgender Fassung heißen?

Eine Ausweitung der ursprünglich so harmlosen Melodievorlage, wie sie das Beispiel 188 zeigt, bringt einen harmonischen Überreichtum in unser Stückchen, der ihm schlecht zu Gesichte steht. Es hat keinen Sinn, nur um des geschärften Klanges oder interessanter Stimmführungen willen stillos zu werden und einer so anspruchslosen Oberstimme diesen Aufwand von Chromatik, Querständen und Formelhäufungen entgegenzustellen. Der Schüler gewöhne sich schon jetzt daran, mit den vielseitigen Verwendungsmöglichkeiten seines Tonmaterials haushälterisch umzugehen, und vor allem sehe er neben der technischen Sauberkeit stets auf treueste Übereinstimmung der beiden Stimmen in Stil und Charakter. Hierüber lassen sich keine Vorschriften aufstellen. Der Geschmack, dem die Entscheidung in solchen Fragen obliegt, kann nur durch strengste Selbsterziehung des Schülers und durch ständige höchst kritische Beobachtung der eigenen Arbeit entwickelt werden.

Wer trotzdem der Ansicht ist, daß zweistimmige Sätze wie der letzte sich in unserem bescheidenen Satzstil rechtfertigen lassen, der hat doch immer noch die oberste und wichtigste Prüfung zu bestehen. Kann er, wenn er einen solchen Satz geschrieben hat, jede von dessen Stimmen mühelos und einwandfrei mit einem Partner singen? Höchstwahrscheinlich nicht, und damit ist für ihn endgültig bewiesen, daß sein Satz für unsere augenblicklichen Anforderungen unbrauchbar ist. Wir wollen aber nicht ungerecht sein. Schreibt ein Schüler solche Sätze und kann er sie ebenso fehlerlos erklären wie singen, so wollen wir die Begabung, die sich in solcher Geschicklichkeit zeigt, ehren und belohnen: Er darf solche Dinge schreiben. Besser ist es aber auch für ihn, er bildet neben seiner technischen Fertigkeit auch seinen Geschmack aus und wendet solche Satzkünste nur dort an, wo sie am Platze sind.

AUFGABE 51

a) Bearbeite nach Art des Beispiels 187 sämtliche zweistimmigen Sätze der Übungen 3, 4 und 6, sowohl die im Buche abgedruckten als auch die in den Aufgaben dieser Übungen entstandenen.
b) Beurteile die neuen Fassungen auf ihre stilistische Beschaffenheit.
c) Untersuche die erweiterten Melodievorlagen auf ihre Sekundgänge; ändere, falls nötig.
d) Untersuche die erweiterten Melodievorlagen auf ihren Melodiestufengang; ändere, falls nötig.
e) Untersuche den Stufengang der Zusammenklänge jedes einzelnen Gesamtgebildes; ändere, falls nötig.

C
Musterbeispiele

BEISPIEL 1

BEISPIEL 2

BEISPIEL 3

AUFGABE 52

a) Schreibe eine Melodievorlage nach den Regeln der ersten Übung.
b) Setze eine nach den Vorschriften der zweiten Übung gebaute 2. Stimme darunter oder darüber.
c) Ziehe den Harmoniestufengang aus und verbessere an beiden Stimmen, falls er danach verlangt.
d) Stelle mittels des Harmoniestufenganges den ⊖ des Stückes fest.
e) Löse die hinzugefügte Stimme durch Melodieformeln in freiere Bewegung auf und füge die zugehörigen Zeichen ein.
f) Untersuche die Sekundgänge der bewegten Stimme; ändere, falls nötig.
g) Stelle den Melodiestufengang der bewegten Stimme fest; ändere, falls nötig.
h) Löse die Melodievorlage in freiere Bewegung auf. Bezeichne sie und bringe in der früher bewegten Stimme etwa erforderlich gewordene Änderungen der Bezeichnung an.
i) Untersuche die Sekundgänge der neubewegten Melodievorlage; ändere, falls nötig.
k) Stelle ihren Melodiestufengang fest; ändere, falls nötig.
l) Ziehe nunmehr nochmals den Stufengang aus den Zusammenklängen. Beurteile ihn und vergleiche ihn mit dem früher (unter c) genannten Stufengang. Ändere den Stimmenlauf, falls nötig.
m) Stelle den ⊖ fest und beurteile ihn.
n) Beurteile die stilistische Haltung des Gesamtstückes.

Die bei der letzten Aufgabe der achten Übung gemachte Anmerkung gilt in vollem Umfange auch für diese Aufgabe.

Das ist der Arbeitsgang, dem jede zweistimmige Aufgabe von nun an unterworfen ist. Er ist eine sehr vergrößerte und vergröberte Darstellung alles dessen, was das Ohr beim Anhören eines solchen Satzes leistet. Es hört und beurteilt die Sekundgänge, zieht die

Stufengänge der Einzellinien und der Zusammenklänge heraus und stellt den tonalen Mittelpunkt fest. Einzig die ersten Schritte unserer Aufgabe geht es nicht mit: Es löst nicht eine ruhige Stimme in Bewegung auf. Dafür scheidet es aber die hinzugefügten Melodieformeln von den Hauptklängen ab und stellt so rückwärtshörend die unverzierte Form wieder her. Es ist selbstverständlich, daß unsere Arbeitsweise, die den Vorgang des musikalischen Hörens und Begreifens in seine Einzelphasen zerlegt und zum Ausgangspunkt der satztechnischen Vorgänge nimmt, auch wieder auf das Hören rückwirken muß. Das Ohr wird langsam daran gewöhnt, auf die Gänge zu achten und die Werte von Klängen und Verwandtschaften zu beurteilen. Damit erübrigt sich auch die Frage, ob es denn nötig sei, ständig diese ausführlichen Analysen vorzunehmen. Je größer die Sicherheit des gehörlichen Erfassens all der verborgenen Strömungen eines Satzes ist, umso weniger nötig wird es sein, allen Forderungen der genauen Zergliederung nachzugeben. Punkt für Punkt wird mit der Zeit sich von selbst erledigen, von den einzelnen Arbeitsgängen fällt Handgriff um Handgriff fort wie die welk gewordenen Blätter von einem Baume, und schließlich bleibt die Satzarbeit als ein geschlossenes, von nichts unterbrochenes, gleitendes Zusammenwirken von Erfindung und Schreibvorgang übrig, bei dem die Einzelanalyse nur noch dazu dient, um an dürftigen Stellen die Besserungsmöglichkeiten zu finden, hier wegzunehmen und dort zuzugeben, kurzum dem Ganzen die letzte Rundung zu verleihen. Nichts wäre nach der Erreichung solcher Fertigkeit mehr von Übel als ständiges hemmendes Denken an Gänge, Verwandtschaften und Formeln. Wem nach gründlicher Beschäftigung mit diesen Satzeigenheiten und nach eifriger praktischer Satzarbeit die ständige Beobachtung der Gänge usw. nicht so sehr zur Gewohnheit geworden ist, daß sein Ohr unbewußt und ohne ihn daran zu erinnern, fortwährend im hier geäußerten Sinne die Klänge und Linien zergliedert, der soll sich mit der bloßen Erkenntnis dieser Dinge begnügen ohne zu versuchen, damit zu kompositorischen Ehren zu gelangen, denn sinnvolle und verständliche Kompositionen lassen sich nur dann erreichen, wenn die Einfälle, die musikalischen Gedanken eines Tonsetzers das engmaschige Sieb von Arbeitsregeln und Materialvorschriften passieren können, ohne in ihrem Wesen und in ihrem Werte verändert zu werden. Aber auch diejenigen Musiker, denen die Kenntnis des Tonsatzes nur zur Erweiterung ihrer musikalischen Allgemeinbildung dient, müssen den Punkt erreichen, wo die Beobachtung all der vielen Satzvorschriften sich aus einer Behinderung des Schreibvorganges in ein starkes Hilfsmittel des Hörens umwandelt. Sie werden dann kaum den törichten Einwand erheben, daß die Analysen mehr Raum einnähmen als die eigentliche Satzarbeit. Abgesehen davon, daß die untersuchende und zergliedernde Tätigkeit künftig immer mehr von einer produktiven Satzarbeit abgelöst wird, ist ja nirgends ein Maß für Menge und Zeit vorgeschrieben, das für Analysen aufgewendet werden muß. Wir sind durch die unzulänglichen Auslegungen der Harmonielehre verwöhnt; sie sind freilich kurz, aber was sagen sie uns auch außer der Lage von Akkordtönen in bezug auf ihren Baßton und außer den einfachsten tonalen Beziehungen? In welches Gelächter würde ein Chemiker ausbrechen, wenn man von ihm verlangen wollte, daß er die ausführliche Analyse einer Ware in derselben kurzen Zeit erledige, die zu ihrer Herstellung in einem mit allen dazu nötigen Hilfsmitteln eingerichteten Betriebe nötig ist!

ZEHNTE ÜBUNG
Freie Zweistimmigkeit I

Wir besitzen nun die Fertigkeit, mit zwei freibewegten Stimmen umzugehen und können darum den Schritt in das letzte noch zu erarbeitende Gebiet zweistimmiger Setzweise wagen: die Bearbeitung einer in freiem Rhythmus schreitenden Melodievorlage. Wir nehmen hierzu Volkslieder, mittelalterliche und neuere, fast durchweg aber solche, deren Entstehungszeit vor Bachs Wirken liegt. Es wäre durchaus möglich, auch Vorlagen aus späterer Zeit zu nehmen; ich beschränke mich jedoch auf das ältere Liedgut, weil in ihm die Melodik in der vollen Frische unbefangener Freude am Linienspiel sich entwickelt, ohne durch zu stark hervortretende harmonische Rücksichten in das später die Gestalt bestimmende Schema entschiedener Kadenzen und sehr ausgeprägten symmetrischen Periodenbaues eingespannt zu sein. Diese alten Lieder geben darum einer mehrstimmigen Behandlung reiche Möglichkeiten, insbesondere sind sie gerade für den zweistimmigen Satz der ideale Arbeitsstoff.

Beim Beginn solcher Arbeit stehen wir vor der Frage, in welchem der beiden hauptsächlichsten Satzstile wir unsere Sätze anlegen wollen. Geben wir der Melodik das Recht, beide Stimmen mit linearem Leben zu erfüllen oder lassen wir vor dem breitflächigen Hintergrunde einfacher Harmonien sich die Schönheit einer Melodie abheben? Schreiben wir polyphon oder homophon, linear oder statisch, kontrapunktisch oder harmonisch? Ohne Rücksicht auf die Bevorzugung des einen oder des anderen Satzstiles, die nach Gegenden, Rassen, Zeiten, ja nach einzelnen Komponistenpersönlichkeiten immer wechselt, hat ein heutiges Lehrbuch des Tonsatzes das satztechnische Rüstzeug für die polyphone wie die homophone Satzart gleicherweise bereitzustellen. Der Stand unseres jetzt erreichten handwerklichen Könnens gestattet uns schon, unser Tonmaterial in den Richtungen beider satztechnischer Gegensätze anzuwenden. Wir können aber ebensowenig wie die freie, in den Kompositionen der Meister niedergelegte Satzkunst einen der beiden Stile so zum äußersten vortreiben, daß einesteils eine reine Kontrapunktik, andererseits ein absolutes Klangspiel entsteht. Gleichwie im einfachsten Baustein des Satzes, im Intervall, schon beide Kräfte, die melodische und die harmonische, untrennbar miteinander wirksam sind und wir nur die Wahl haben, die eine oder die zweite in den Vordergrund zu rücken und stärker zu beleuchten, so können wir im ausgeführten Satz auch immer nur *vorwiegend* polyphone oder *vorwiegend* homophone Abläufe erzeugen. Wir beginnen in der zehnten Übung mit der leichter zu bewältigenden Satzart, der homophonen.

A
Arbeitsmaterial
I. Melodievorlagen, die in die Oberstimme zu legen sind.*)

―――――
*) Diese und alle folgenden Melodievorlagen sind Franz M. Böhmes Altdeutschem Liederbuch entnommen.

II. Melodievorlagen, die als Ober- und Unterstimme zu bearbeiten sind.

B

Arbeitsvorgang

Der Sinn der homophonen Behandlung einer vielgestaltig bewegten Melodievorlage ist, eine zweite ergänzende und stützende Stimme so zuzufügen, daß die Melodielinie zwar mit ihrer Gefährtin harmonisch verschmilzt, dabei aber in allen Einzelheiten sich mit vollster Deutlichkeit von der harmonischen Unterlage abhebt. Das kann nur geschehen, wenn die hinzugefügte Stimme niemals zu melodischer

Selbständigkeit aufsteigt. Sie schreitet in größeren Notenwerten einher als ihre Führerin, gestattet sich höchstens auf deren ruhigen Stellen etwas mehr Bewegung. Auch rhythmisch und formal ordnet sie sich der Hauptstimme unter. Sie betont deren rhythmische Anlage, indem sie hauptsächlich auf den guten Taktteilen der Melodie ihre Töne anschlägt, und sie bestätigt die Form der Melodie, indem sie die Teilabschlüsse, Einschnitte und Kadenzierungen mitmarkiert. Das volle melodische Übergewicht der Melodievorlage wird gewährleistet, wenn die Zusammenklänge der beiden Stimmen sich der guten Intervalle aus der Gruppe A bedienen und den Melodieformeln einen möglichst geringen Raum gönnen. In der Hauptstimme werden sich wohl die einfacheren Formeln (W, D, V) häufig finden, die übrigen dürften nur selten sich ergeben. Die zugefügte Stimme würde, wenn die Formeln zahlreich in ihr aufträten, zuviel innere Spannung und auch einen starken Widerstand gegen die Hauptstimme entfalten, in ihr dürfen also die Formeln nur im geringstmöglichen Umfange auftreten; schon W, D und V erzeugen eine den homophonen Charakter störende zu große melodische Entwicklung, gar ein V oder N° zählt zu den allergrößten Seltenheiten in der 2. Stimme einer solchen Anlage. Der Stufengang der Zusammenklänge zeigt deutlich den klaren, unkomplizierten Aufbau der harmonischen Beziehungen, auf deren tragender Unterlage das melodische Leben frei und ungestört erblühen kann: Er geht meist in Quint- und Quartschritten mit gelegentlicher Zwischenschaltung von Terzen und Sekunden — ein Zeichen, daß er sich vorwiegend innerhalb der ersten Verwandtschaftsgrade eines tonalen Zentrums bewegt.

Vor Beginn der eigentlichen Satzarbeit stellen wir die tonale Anlage der gegebenen Melodie fest. (Wie das zu geschehen hat, wissen wir aus der achten Übung.) Wir erhalten dadurch genaue Auskunft über die harmonische Folgerichtigkeit in der melodischen Entwicklung der Einzellinie, aber für den Aufbau und die Folge der Zusammenklänge erfahren wir nur den ⊖ des Stückes. Das ist zwar schon sehr viel, aber es genügt nicht, um uns den Weg vorzuschreiben, den die Harmonien zur Herausarbeitung einer bestimmten Tonalität zu gehen haben. Um Anhaltspunkte hierfür zu finden, untersuchen wir die formalen Hauptpunkte der Melodie: ihren Schluß und die im Verlaufe der Linie auftretenden Teilabschlüsse. An ihnen müssen, um die Schlußwirkung hervorzurufen, Kadenzen stehen, und diese erzielen, indem sie Melodie und Harmonie dem formalen Geschehen unterordnen, einen engen Zusammenschluß der linearen und klanglichen Satzelemente. Hier sind also die Stellen, wo wir am leichtesten die 2. Stimme der Melodie anpassen können. Von solchen Kadenzen aus, den feststehenden Punkten im Satzgefüge, läßt sich dann der Rest des Satzverlaufes leichter erobern, als wenn wir von Beginn bis zum Schluß Harmonie nach Harmonie errechneten und nur notdürftig den Erfordernissen des harmonischen Gesamtverlaufes anpaßten. Der Schlußklang eines Stückes ist (wenigstens in unseren einfachen Verhältnissen) der Klang des ⊖. Der Ton, welcher den ⊖ darstellt, der aus dem Melodiestufengang errechnete tonale Hauptton, der Stammton der im Stufengang des Stückes anzuwendenden Verwandtschaftsreihe, hat in der Unterstimme zu erscheinen. Die übrigen Abschlüsse im Melodieverlaufe werden mit Klängen versehen, deren Grundton unten liegt, und zwar nimmt man, um das Ohr nicht von seiner Aufmerksamkeit für die ständig als wichtigster Satzteil auftretende Melodie abzuziehen, in Stufengang und Unterstimme möglichst nahverwandte Töne des ⊖. Nun kann es öfter vorkommen, daß ein Melodieteilschluß (oder auch der Hauptabschluß) aus zwei Tönen besteht, von denen der erste auf einem besseren Taktteil steht als der zweite (weiblicher Schluß im Gegensatz zum männlichen, der auf gutem Taktteil endet). Treten diese beiden Töne in folgenden Formen auf,

so kann der erste durch seine bessere rhythmische Stellung so die Oberhand bekommen, daß er sich als Grundton der harmonischen Zelle auch bis zum Ende des zweiten, des Abschlußtones durchsetzt. Hier wird man also oft vor der Frage stehen, ob man die Harmonie zwischen beiden Tönen wechseln will oder ob sie durch einen gemeinsamen Stufengangton zusammengefaßt werden sollen. Weibliche Schlüsse, deren letzter Ton selbst der Grundton der harmonischen Zelle ist, sind einfacher zu behandeln, da ja rhythmischer und harmonischer Abschluß bei ihnen zusammenfallen; aber auch hier haben wir oft die Wahl zwischen Harmoniewechsel oder Zusammenschluß.

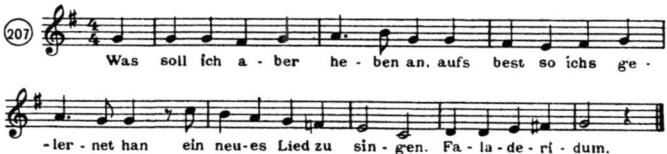

Der ⊖ dieser Melodie ist g^1, in der Hauptsache gestützt durch seine ⊘, während die ⊙ nur eine Nebenaufgabe erfüllt.

Die Teilabschlüsse, auf denen die Kadenzen enden müssen, sind im Beispiel 208 mit einem Pfeil bezeichnet. Es sind die vier Melodietöne:

Wollen wir eine Unterstimme hinzufügen, so ergeben sich für jeden Schluß folgende Kadenzmöglichkeiten:

Die beiden es^1 in 1 und 2, das as in 3 sind unbrauchbar der sehr auffälligen Querstände wegen, die sie zur Melodievorlage bilden. In 1 und 2 fällt ferner das c^1 weg, weil wir diese Kadenz in 3 brauchen werden und sie uns die dort notwendige frische Wirkung durch ihre Vorwegnahme zerstören würde. Für 1 und 2 bleiben also g, g^1 und e^1. Der Kadenzton der Melodiestimme ist beidemale g^1, und einmal werden wir ihn auch als Klanggrundton des Teilabschlusses in der zweiten Stimme bringen müssen. Die Endkadenz wird dadurch nicht gestört. Wir müssen ja den tonalen Hauptklang mindestens zweimal bringen, sonst liefe man Gefahr, beim Hören den ⊖ nicht zu entdecken. Um den Zuhörer garnicht erst in Zweifel geraten zu lassen, empfiehlt es sich, den Kadenzzusammenklang g—g¹ gleich beim ersten Teilabschluß zu bringen, so daß sofort feststeht, in welchem tonalen Bezirke man sich befindet. Für die zweite Kadenz bleibt dann das e¹. Die dritte würde durch a oder f unser einfaches Lied unnötiger Weise und gegen den harmonischen Stil einer solchen homophonen Musik belasten, so bleibt also für sie c oder c¹, und für das Ende ist das g ohnehin unvermeidlich. So erhalten wir also für die 2. Stimme die Abschlußgrundtöne g, e, c und g, die wir unter unsere Vorlage setzen.

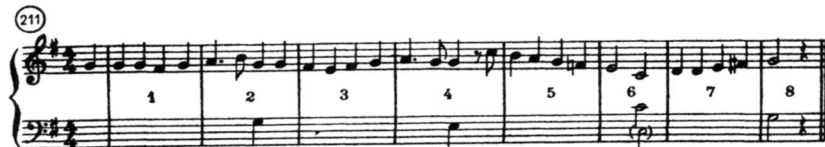

In der einfachen, drastischen Form der Harmonik, die wir gewählt haben, ist es immer gut, den ⊖ durch seine unmittelbar vorangehende ⌀ zu stützen. Das geht beim ersten Abschluß unseres Stückes ohne weiteres;

beim vierten bekämen wir, wenn in der 2. Stimme der Dominantton d stünde, an dieser wichtigen Stelle mit dem e¹ der Melodie einen ⋈, der reichlich viel melodische Spannung in das Stück bringen würde.

Hier nimmt die 2. Stimme besser a. Dem zweiten Abschluß auf e können wir keine ♂ beigeben, denn das h darf zum a¹ nicht erklingen. So können wir den darauffolgenden Verwandten des e, seine ♀ heranziehen, was mit a oder c geschehen kann, oder aber wir verzichten auf die ♀ und nehmen das fis.

Für den dritten Abschluß können wir weder ♂ noch ♀ des Abschlußtones bringen. Das liegt an dem weiblichen Schluß e¹—c¹, der als Klangvorgang zwar nach einer harmonischen Bestätigung der zellenmäßigen Zusammengehörigkeit dieser beiden Töne verlangt (die am sichersten erfolgen würde, wenn wir schon zum e¹ der Oberstimme ein c brächten), dem wir sie aber trotzdem verweigern wollen, weil das unverhältnismäßig lange Verweilen auf dieser einen Harmonie eine bedenkliche Stockung des Klangablaufes verursachen würde. So bleiben also e, g, a oder h vor dem schon festgesetzten Einklang c¹ beider Stimmen, von denen die ersten drei allerdings auch einen Harmoniezusammenschluß des ganzen sechsten Taktes hervorrufen.

Die Brauchbarkeit des a kann folgendermaßen begründet werden: Das c¹ der Oberstimme, welches nach unserem Kadenzplane verdoppelt erscheint und durch diese Verstärkung seinen Grundtoncharakter auch dann durchzusetzen versucht, wenn es in eine andere Zellenharmonie als c¹ eingespannt wird, kann durch das auf der ersten Takthälfte der Unterstimme auftretende a nur zur ②\③ des Stufengangtones a werden. Dieses vergebliche Bemühen des c¹ nach Grundtongeltung ist immerhin ein so starkes Widerlager gegen die Grundtongewalt des a, daß diese Fassung nicht als störender Aufenthalt empfunden wird, was bei e oder g als erstem Ton der 2. Stimme im sechsten Takt wohl der Fall wäre. Steht h an dieser Stelle, so wechselt die Harmonie auf den beiden Takthälften (Stufengang e—c).

Die Kadenzen, die ja zu ihrer Verdeutlichung mindestens drei Töne brauchen, sind damit noch nicht ganz ausgefüllt. Wollten wir sie jetzt gleich vervollständigen, so liefen wir leicht Gefahr, zu ihrem Vorteil den Gesamtlauf der 2. Stimme allzu sehr zu vernachlässigen. Wir füllen demnach jetzt die verbleibenden Zwischenräume der Reihe nach aus, wobei sich dann die fehlenden Kadenztöne von selbst einfügen.

Am Beginn des Stückes genügt der dreimalige Anschlag des tonalen Haupttones g^1 in der Oberstimme für die Festlegung der Tonalität, wir brauchen das g deshalb nicht nochmals in die Unterstimme zu legen. So bleibt denn e oder c. Der Ton es fällt aus dem schon früher erwähnten Grunde weg. Die Töne b und h als Bestandteile eines Intervalls mit obenliegendem Grundton sind für den Stückanfang unmöglich. Hat die Unterstimme als ersten Ton c, so läßt sich der Anschluß zum schon vorhandenen nächsten Takt mit einem eingeschobenen e erreichen;

bei einem Anfangs-e paßt a als Zwischenton am besten;

c auf der zweiten Takthälfte geht nicht wegen der sich ergebenden ⑤-Parallele zum zweiten Takt. Das e im ersten Takte der c-Fassung läßt das fis^1 der Oberstimme zum W mit N-Charakter werden, unterstützt also den Melodiewert auf Kosten des harmonischen. So ist also a besser, wobei das fis^1 der Oberstimme Hauptton bleibt, und damit nehmen wir den e-Anfang an. Der Anfang des zweiten Abschnittes (dritter Takt) kann nur mit h oder d geschehen, wenn wir die für solch wichtige Stelle schwache ⑥ a—fis¹ mit ihrem obenliegenden Grundton vermeiden wollen. Mit dem d-Anfang ergibt sich:

mit dem h-Anfang:

Nachteil des Anfangs mit h: Die zweite Note ist samt ihrer Oberstimme eine Wiederholung der zweiten Hälfte des allerersten Taktes. Die d-Fassung ist also vorzuziehen. Für den dritten Abschnitt (fünfter und sechster Takt) bestehen folgende Möglichkeiten:

Und für den letzten Abschnitt (Takte 7 und 8) bleibt nur:

wovon die Fassung a wegen des kräftigeren ②③-Klanges h—d¹ vorzuziehen ist. Den besten Anschluß an diese Endphrase der Takte 7—8 erhalten wir mit irgendeiner der vorangehenden Formen, die kein h enthalten, also 1, 3, 6, 7, 9, 10, 11.
Hiervon sind weniger gut:
  1 und 3, weil sie den Abschlußton der zweiten Kadenz wiederholen,

7, weil die Melodie zwei NN bringt, was allerdings der Abwechslung halber geschehen könnte,

9, weil wir den Anschluß an das h des vorletzten Taktes nur durch einen 7-Sprung bekämen und eine Oktavversetzung des letzten Abschnittes der ganzen Unterstimme einen unbegründeten hastigen Abfall zufügen würde,

10 wegen des zweimaligen g.

So bleiben 6 und 11, von denen wiederum 6 vorzuziehen ist, weil 11 durch den Wiederanschlag des gerade beim Abschluß des zweiten Abschnittes gehörten e nicht so frisch wirkt. Der N h¹ der Melodie zum ersten Tone der Fassung 6 ist, da wir den Melodieformeln einen sehr geringen Raum gegönnt haben und ein N sonst nirgends vorkommt, einmal gut am Platze.

Unser Stück sieht jetzt so aus:

Der Stufengang ist:

Etwas eintönig wirkt das zweimalige Auftreten des d in der Unterstimme des zweiten und dritten Taktes. Es ließe sich beseitigen durch ein fis als erste Note des zweiten Taktes. Dann bleibt aber der Stufengang hängen, die Harmonie schreitet nicht fort, und das wäre hier das größere Übel. Behalten wir also das kleinere bei! Der im Gesamtverlaufe unverhältnismäßig ruhige Takt 6 läßt sich durch ein in der Unterstimme eingefügtes g etwas beleben,

ebenso kann der vierte Takt abgerundet werden durch ein eingeschobenes d.

Eine 2. Stimme dieser Art, in der fast nur kräftige Harmonieschritte auftreten, in der zugunsten der Klangwirkung auf melodisches Eigenleben fast ganz verzichtet wird, können wir nicht nach dem strengen Maßstabe beurteilen wie die anderen, mit linearer Selbständigkeit ausgestatteten Melodien. In den Melodierudimenten der zugefügten Stimme im homophonen Satz können weder die Sekundgänge noch der Melodiestufengang mehr als bruchstückweise entwickelt sein.

Nun bleibt nur noch übrig, der neuen Stimme den Text unterzulegen. Es ist nicht der Zweck einer Satzlehre, einen vollständigen Lehrgang der musikalischen Deklamation darzubieten; es ist außerdem überflüssig, dem Lernenden auf diesem Gebiete mehr aufzuladen als er für unsere verhältnismäßig bescheidenen Ansprüche jetzt braucht. Die Sprache ist ja überdies jedem Menschen von Kindheit an vertraut; er weiß, wie die Worte zu betonen sind und wird den Tonfall der geschriebenen und gesprochenen Sätze mühelos dem Musikrhythmus anzupassen verstehen, wenn er sich ungehemmt und ohne Sucht nach ausgefallenen Zusammenkopplungen seinem natürlichen Sprachgefühl überläßt. Immerhin seien ihm drei Regeln gegeben, mit deren Befolgung er allen Anforderungen, die ihm in unserer gegenwärtigen Arbeit gestellt werden können, gewachsen ist.

REGEL 63

Betonte Silbe = betonter Taktteil, zum mindesten soll (bei Silben, die sich über mehrere Töne erstrecken) eine betonte Silbe wenigstens einen betonten Taktteil enthalten.

REGEL 64

Haben wir zu viel Töne und zu wenig Text, so können wichtige

Worte oder Satzteile mehrfach gebracht oder die Hauptsilben über mehrere Töne gestreckt werden.

REGEL 65
Haben wir zu viel Text und zu wenig Töne, so kann der Text durch Auslassung unwichtiger Worte (Adjektive, Adverbien usw.) gekürzt oder es können längere Töne zwei- oder dreigeteilt werden. Ist man gezwungen, solche Tonwiederholungen anzuwenden, so kann eine stumpfe und uninteressante Wirkung sich einstellen, wenn der Silbenwechsel in beiden Stimmen zu gleicher Zeit vorgenommen wird. Es empfiehlt sich also selbst in der homophonen Setzweise, die Stimmen in textlicher Beziehung ein wenig gegeneinanderzustellen.

In der Notlage, zu viel Text gegen einen kleinen Tonvorrat setzen zu müssen, befinden wir uns mit unserer dem Beispiel 207 hinzugefügten Stimme. Durch Auslassungen und Tonwiederholungen läßt sich der Text jedoch der neuen Stimme anpassen. Unser Lied hat demnach endgültig diese Form:

Der Schüler soll sich keinesfalls bei der Abfassung der 2. Stimme von Rücksichten auf den Textinhalt und auf die Textverteilung leiten lassen. Unser Beispiel zeigt, daß man mit einigen Kunstgriffen den Text immer zurechtbiegen kann. Der fortgeschrittene Satzkünstler wird allerdings dem Texte mit etwas mehr Achtung entgegentreten und dessen Behandlung größere Sorgfalt zuwenden. In unserem derzeitigen Zustande schadet es nichts, wenn die erwähnten Kunstgriffe manchmal ein wenig hart zupacken — greuliche Verstümmelungen brauchen sie deshalb ja noch nicht zu verursachen. Auch in unseren Vorlagen erfüllt die Textverteilung nicht immer die Forderungen einer sorgfältigen, nach einer schönen Einheit in Wort und Ton verlangenden Deklamation.

C
Musterbeispiele

BEISPIEL 1

BEISPIEL 2

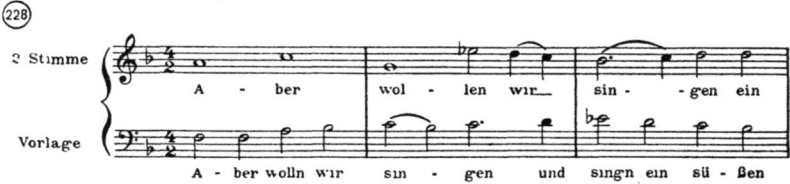

AUFGABE 53

Verarbeite die als Arbeitsmaterial gegebenen 10 Melodievorlagen zu zweistimmigen Sätzen homophoner Art.

Liegt die Melodievorlage in der Unterstimme, so ist diese in weit höherem Maße melodisch belebt als unsere den obenliegenden Vorlagen gegenübergestellten Harmonieunterlagen. Es läge nun nahe, das ursprüngliche Verhältnis: obenliegende bewegte Vorlage — untenliegende ruhigere 2. Stimme umzukehren. Das wäre aber nicht gut. Eine Oberstimme, die immer als Melodieführung gehört wird, selbst wenn die Hauptmelodie sich unter ihr bewegt, kann nicht so unbelebt bleiben wie eine hauptsächlich als Harmoniestütze dienende Unterstimme. Da nun die Unterstimme als Vorlage ein ausgeprägtes melodisches Leben besitzt und die Oberstimme auch sich lebendig bewegen muß (wenn auch nicht in dem Maße wie die Hauptstimme), so entfernen wir uns schon merkbar von der klaren Sinnfälligkeit des homophonen Satzes und nähern uns einer mehr linearen Satzweise.

ELFTE ÜBUNG
Freie Zweistimmigkeit II

Hiermit sind wir bei der wichtigsten und schwierigsten, aber auch schönsten Setzweise angelangt, die mit zwei Stimmen zu erzielen ist: derjenigen mit zwei gleichberechtigten Stimmen, der kontrapunktischen, polyphonen. Hatten wir in der vorigen Übung das Bestreben, das melodische Leben der Vorlage zu heben und zu betonen, indem wir ihm einen festen, wenig empfindlichen harmonischen Untergrund bereiteten, so geben wir jetzt auch der zweiten Stimme selbständiges melodisches Leben. Ihre Linienführung wetteifert jetzt mit der der gegebenen Melodie, sie setzt den Höhepunkten der Vorlage ihre gleicherweise sorgfältig berechneten Spitzentöne entgegen, sie bedient sich desselben reichen Schatzes an melodischen Formeln. Ihre melodische Entwicklung kann solche Vollkommenheit erreichen, daß sie selber wieder als Melodievorlage eines neuen zweistimmigen Satzes benutzt werden kann. Und trotz diesem bis in die letzte Note hinein spürbaren Eigenleben sollen die beiden Stimmen die innigste Verbindung eingehen und wie ein unzertrennbares Geflecht dem Gehör entgegentreten: eine ebenso innige, aber doch andersgeartete Verbindung als in der vorher geübten homophonen Satzart. Dort ruhte die Melodievorlage auf den breitflächig ausgespannten Harmonien, sie wurde vom Klang getragen: hier spannt sich der Klang zwischen den Linienzügen auf, die einzelnen Melodieteile der beiden Stimmen in ihrem Mit- und Gegeneinanderstreben tragen ihn.

A
Arbeitsmaterial

I. Melodievorlagen, die in die Oberstimme zu legen sind.

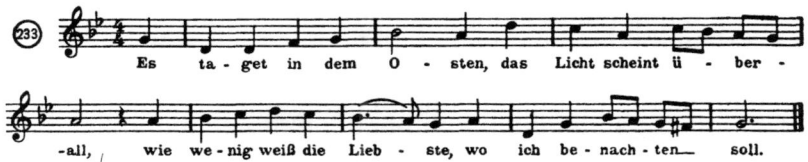

II. Melodievorlagen, die als Ober- und Unterstimme zu bearbeiten sind.

B
Arbeitsvorgang

Die genaue Beschreibung des Arbeitsvorganges in der vorangehenden Übung dient uns ebenso gut für dieses neue Vorhaben; wir müssen uns nur vor Augen halten, daß jetzt ständig das entgegengesetzte Ziel verfolgt wird. Statt die Harmonie zu einer tragenden Grundlage auszubilden, suchen wir sie jetzt in weniger stark markierten, dafür aber umso mannigfaltigeren und ausdrucksvolleren Umrissen darzustellen; wir benutzen mindestens so häufig die schwächeren Klänge unseres Intervallvorrats wie vorher die starken und streben im Stufengang nicht mehr so eifrig nach den nächsten Verwandtschaften. Der rhythmische Verlauf der hinzugefügten Stimme wird in möglichsten Gegensatz zur Vorlage gebracht, die Einschnitte im formalen Ablauf beider Stimmen werden dachziegelartig gegeneinander versetzt. Die melodische Linie der neuen Stimme wird aufs schärfste herausgearbeitet, Melodieformeln aller Art werden in reichlichstem Maße in beiden Stimmen untergebracht; statt der harmonietragenden, kräftigen Quint- und Quartschritte der hinzugefügten Stimme (besonders wenn sie die untenliegende ist) gewinnen die melodischeren Sekundschritte die Oberhand. Die Satzvorschriften bleiben dabei die gleichen wie früher, nur wird man, um all das Vorerwähnte zu erreichen, den Vorschriften für die melodische Entwicklung der Linienzüge großen Einfluß einräumen, die Arbeitsregeln zur Erzielung glatter harmonischer Wirkungen hingegen nicht so kräftig sich auswirken lassen. Parallelführungen aller Art (nicht nur die ohnehin verbotenen) widersprechen einer selbständigen Stimmführung; Akkordbrechungen sowohl in der einzelnen Stimme wie auch im Zusammengehen beider sind als ausgesprochen harmonisches Bindemittel der melodischen Entfaltung wenig förderlich; gleichzeitige Sprünge in beiden Stimmen (nicht nur solche in gleicher Richtung) können den melodischen Lauf sehr stören; alle im homophonen Satz lästigen Erscheinungen wie Querstände, große Sprünge und reiche Motivabwechslung können dagegen im kontrapunktischen Satz von sehr schöner Wirkung sein. Damit sind weder die letzterwähnten Satzeigenheiten zu übermäßiger Verwendung empfohlen, noch die vorhergehenden verboten. Auch im polyphonen Satz darf alles vorkommen, was im homophonen erscheinen konnte, nur muß es dem Ziele möglichster melodischer Belebtheit zustreben. Melodielinien sind empfindlicher als Harmonieverbindungen, Ungeschicklichkeiten in ihnen stören mehr als schlechte Klangfolgen; dem Bearbeiter einer kontrapunktischen Stimme ist daher mit dem Entscheid über die anzuwendenden Mittel eine weit größere Verantwortung übergeben als demjenigen, der mit der Zusammmenstellung von Intervallen zu einem Satze homophonen Gepräges mehr dem Ziele einer äußerlicheren, sinnfälligen Schönheit zustrebt.

Ich rate dringend, sich einer Gepflogenheit zu enthalten, welcher in den Kontrapunktlehrbüchern solche Wichtigkeit beigemessen wird, daß es fast scheinen könnte, das Wesen polyphoner Satzweise äußere sich ausschließlich auf diese eine Art. Ich meine die Anwendung der Imitation. Freilich fällt der Nachahmung von Themen und von Melodiewendungen im kontrapunktischen Satze eine wichtige Aufgabe zu, und für ihre Anwendung im Unterrichte spricht die Häufigkeit, mit der sie zumal in der Musik früherer Jahrhunderte auftritt, wie auch ihre Wichtigkeit als konstruktives und schmückendes Bauglied für die Musik aller Stile. Im Unterrichte zeigt sich aber immer wieder, daß sie im Bereiche des Tonmaterials, mit dem der Schüler zu arbeiten hat, zu einer Eselsbrücke wird, die es selbst dem Unbegabtesten ermöglicht, sich aus allen Schwierigkeiten herauszuwinden. Wo die Einfälle und die genaue Berechnung versagen, hilft man sich immer noch mit einer Nachahmung. Ganze Fugen lassen sich solcherart bauen, die völlig allen Schulregeln entsprechen, die aber keine Note Musik enthalten.

Auf die Anwendung der Imitation ist darum in unseren Aufgaben ganz zu verzichten, vielmehr ist das Erfindungsvermögen dadurch zu schulen, daß ohne die sklavische Anlehnung an die Vorlagen ständig neue Stimmenläufe erfunden werden. Das Erlernen des so wichtigen Kunstmittels imitatorischer Bildungen wird aufgeschoben, bis der Schüler seine Erfindungskraft so weit gestählt hat, daß er es in seiner ganzen Schönheit und Wichtigkeit begreifen und anwenden kann, nicht aber damit wie mit einer Krücke sich mühsam vorwärtstasten muß: bis zur Erreichung einer beträchtlichen Fertigkeit im drei- und mehrstimmigen Satz.

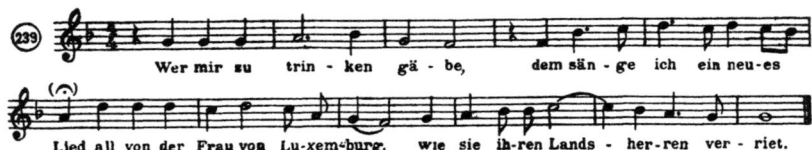

Wir wählen dieses Lied zur Bearbeitung, deren Vorgang hier folgend wiederum genau beschrieben sei.

Der Melodiestufengang sagt uns, daß der ⊖ dieses Liedes g^1 ist. Er ist durch seine ⑤ gestützt und ist hierdurch wie durch seine Anfangs- und Schlußstellung im Vorteil gegenüber f^1 und b^1, die auch einen starken Drang nach Behauptung durchsetzen wollen. Die Teilschlüsse der Melodie stehen auf f^1, a^1, f^1 und g^1. Das a^1 des zweiten Teilschlusses hat nur geringe Selbständigkeit, es kann als Bestandteil der ④ a^1—d^2 dem d^2 untergeordnet sein, und man steht darum vor der Frage, ob man diesen Abschluß mit der Harmonie a oder d versehen will. Die Folgen einer solchen Festsetzung sind hier bei weitem nicht so bedeutungsvoll wie in der homophonen Satzart, da wir ja die Einschnitte der 2. Stimme garnicht an die mit Pfeilen angemerkten Stellen des Liedes legen, sondern gegen die Einschnitte der Oberstimme versetzen wollen, damit die melodische Selbständigkeit jeder der beiden Stimmen umso deutlicher werde. Damit fallen freilich die deutlich merkbaren Kadenzen fort; sie würden mit ihrer starken Hervorhebung des formalen Aufbaues den Linienlauf behindern. Der Abschlußton eines Abschnittes ist uns also hier nicht viel mehr als ein ungefährer Wegweiser, in welcher Richtung wir uns zu bewegen haben. Einzig der letzte Abschluß muß mit einer regelrechten Kadenzierung nach g erreicht werden, damit das Stück formal und harmonisch zu einem richtigen Ende gebracht wird.

Die Aufgabe für die ersten drei Takte heißt: Der Ruhe und dem dreimaligen Anschlage des g^1 in der Melodie viel Bewegung und Tonwechsel entgegensetzen, den zweiten Takt mit Spannung erfüllen, den Einschnitt in der 2. Stimme (der vom Text, vom Atem des Sängers und auch vom Verständniswillen des Hörers gefordert wird) entweder vor das Ende des dritten oder hinter die zweite Hälfte des vierten Taktes legen.

Der Anfang könnte hiernach so aussehen:

Oder, falls die vielen Synkopen und punktierten Noten für das einfache Lied als eine zu starke Belastung erscheinen, in folgender Form:

Der zweite Abschnitt der Melodie ist selbst reich bewegt, wir könnten also die Gegenstimme ruhiger halten. Allerdings sind wir in dieser Beziehung nicht ganz frei in unseren Entschlüssen: Da ja die neue Stimme sich möglichst selbständig entwickeln soll, können wir sie, falls sie schon vorher eine lebhafte Bewegung zeigte, nicht ohne dringende Veranlassung plötzlich abbremsen, sondern müssen das vorher sich abwickelnde Tönespiel sich auswirken lassen. Die Fortsetzung beider Fassungen könnte lauten:

Die erste Fassung mit ihrem vielfältigen Rhythmus, ihren kleineren Notenwerten bedarf, um verständlich zu bleiben, einer Gliederung in kürzere Abschnitte. Wir sind darum mit ihrer zweiten Cäsur noch nicht so weit gelangt wie in der anderen Fassung und holen den Unterschied hiermit auf:

Bis zum Ende müssen wir dem ausschließlich stufenweisen Schreiten der Vorlage einige Sprünge oder starke Gegenbewegung entgegenstellen, damit die bisher durchgehaltene starke Spannung bis zur letzten Note gewahrt bleibt.

Die Textverteilung macht in diesem Liede keine Mühe, da wir genügend Töne haben, um die Worte unterzubringen. Das gesamte Lied in seinen beiden kontrapunktischen Fassungen, mit Text versehen, zeigt nun folgende Gestalt:

Die melodische Selbständigkeit der neuen Stimme bringt in weit höherem Maße als bei den 2. Stimmen der zehnten Übung die Möglichkeit mit sich, ihr mit Sekundgang und Melodiestufengang zu Leibe zu gehen. Der Schüler untersuche sie daraufhin, ferner stelle er den Stufengang für die Zusammenklänge beider Fassungen auf.

AUFGABE 54
a) Stelle die Sekundgänge der hinzugefügten Stimmen beider Fassungen auf.
b) Löse deren Melodiestufengänge aus.
c) Stelle die beiden Stufengänge der Zusammenklänge auf.

C
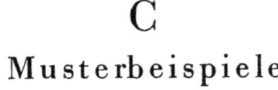

BEISPIEL 1

BEISPIEL 2

AUFGABE 55

a) Stelle die Sekundgänge der hinzugefügten Stimmen in den beiden vorstehenden Beispielen auf.

b) Füge in beide Stimmen die Zeichen für die Melodieformeln ein.

c) Ziehe die Melodiestufengänge der hinzugefügten Stimmen aus.

d) Stelle den Stufengang der Zusammenklänge auf.

AUFGABE 56
Verarbeite die als Arbeitsmaterial gegebenen zehn Melodievorlagen zu zweistimmigen Sätzen polyphonen Charakters und verfahre mit den fertigen Sätzen genau so wie in der Aufgabe 55 angegeben.

Wir sind am Ende der zweistimmigen Arbeit angelangt. Was sich in dieser schönen, aber beschränkten Satzart erschöpfend behandeln ließ, ist dem Lernenden in aller Ausführlichkeit dargeboten worden. Die im melodischen Linienspiel sich abwickelnden melodischen und harmonischen Vorgänge dürften ihm durch die Handhabung der Sekundgänge und des Melodiestufenganges alle ihre Geheimnisse willig preisgeben. Er ist auf diesem Gebiete mit Kenntnissen ausgerüstet, die ihm erlauben, nach gehöriger Übung die Struktur und den Verlauf aller melodischen Erscheinungen zu begreifen, gleichgültig ob es sich um die hochentwickelte Linienkunst gregorianischer Gesänge oder um gotische Melodieschwünge handelt; ob er die Melodien des Bachzeitalters, des klassischen Kompositionsstiles oder der Romantik betrachtet; oder ob er die melodischen Arbeiten unserer Zeit unter die Lupe nimmt. Auch in solchen Melodien, deren Stil ihm unbekannt ist, kann er nun dem Komponisten bis in die verborgensten Feinheiten seiner Satzkunst nachspüren. Damit erhält er keinerlei Aussage über den seelischen Gehalt eines Linienzuges — gottlob läßt sich der nicht mit Gängen oder sonstigen handfesten Maßen behandeln — immerhin ist man aber nicht mehr darauf angewiesen, über Dinge, die wie der Tonsatz sich bis in die letzte technische Einzelheit ebenso erfassen lassen wie die Rechtschreibung und der Satzbau eines Schriftstückes, bei bloßen ästhetischen Werturteilen sich Auskunft zu holen.

Ins Gebiet des Klanges, in die Geheimnisse der Harmonie sind wir mit unseren Übungen noch nicht ebensoweit eingedrungen. Wie wäre das auch möglich bei der geringen harmonischen Ausbeute, die sich aus dem klanglich so asketischen zweistimmigen Satze gewinnen läßt! Die Wunderwirkungen der Tonverwandtschaften, durch die das ganze weite Klangreich übersichtlich gemacht wird; die Grundtonbedingtheit der Intervalle, von welcher Gewicht und Gesicht aller Klänge abhängt; die unzählbaren Möglichkeiten des Einsatzes von Melodieformeln, auf denen die Belebung der klanglichen Massen beruht; die große Bedeutung der Stufenganganalyse für die Erkenntnis harmonischer Vorgänge — von all diesen Dingen kann im zweistimmigen Satzmaterial kaum mehr als eine Andeutung auftreten, gemessen an der wichtigen Aufgabe, die sie im mehrstimmigen Satze erfüllen. So viel wir also auch von ihnen erfahren haben, wie eifrig wir uns um ihre Anwendung bemüht haben, in den rechten Genuß ihrer unbeschränkten Einwirkung auf die Satztechnik werden wir erst kommen, wenn uns mit der Bearbeitung dreier Stimmen ein fast unübersehbarer Schatz klanglicher Erscheinungen anvertraut sein wird. Der folgende Band dieses Werkes wird uns in das neue Arbeitsgebiet einführen.